联合国世界最佳旅游乡村
绿水青山就是金山银山 经典
国际化绿色山水美好城市
经典 高能级 大余村
现代化
国际范大余村
绿水青山 金山银山
美丽中国集成之地
国际范
美丽 中国
集成之地
CUN
YU

如此青绿

大余村漫游记

SUCH A
VERDANT GREEN

陈少非 编著

红旗出版社

壹城・壹書
A Book A City

前言：向往
introduction

向北的高铁有 5 小时车程，我打开电脑开始工作。

邻座的大哥侧头瞄了一眼，问："你写的是湖州安吉那个余村吗？"

我答道："对呀，你也知道余村？"

"那可是人人向往的地方！'绿水青山就是金山银山'，地球人都知道。"大哥笑着说，"余村我可熟悉了，前后去了三次。这不，刚从那儿离开嘛！"

找到共同的话题，我停下手中的工作，和他聊了起来。

大哥姓李，辽宁人，退休干部。第一次去余村是 2013 年，单位组织考察"中国美丽乡村"。其中一站，就是参观"绿水青山就是金山银山"理念的诞生地。

2019 年退休后，李大哥对江南的风光意犹未尽，于是带着老伴儿和上大学的儿子，一起来湖州"看见美丽中国"。这次纯粹作为游客，在余村的农家乐小住了两天，对这个村庄几年来的变化印象极深，赞不绝口。

"现在更不得了啦，余村还是'世界最佳旅游乡村'呢！"我接话说。

"知道！知道！"李大哥很兴奋，"这个荣誉比 AAAAA 级景区还牛，全国就俩。"听得出，这位老兄对余村有一种特别的感情，余村就像他老家一样。

"这次是第三回去余村了，你知道为啥吗？"他神秘地看着我。

我摇头，李大哥也不卖关子："我们家那小子，去年硕士毕业，和几个同学一起搞了个项目，报名参加'余村全球合伙人'计划，居然过了！几个小青年已经在余村住了大半年。我不太放心，过来看看。好嘛！在这边扎根了。"

李大哥一脸自豪："现在，余村是全世界年轻人都向往的地方，不仅风景好，政策也好，很有希望。你要把这个写到书里去，多写。"

向往！李大哥反复提的这个词，让我心头一震。

久居江南，我们对身边的风景可能熟视无睹。但对于李大哥来说，余村不仅是一处旅游胜地，更是中国未来乡村发展的高地。这方土地，确实令人向往。

这样的余村，注定将站在聚光灯下，走出安吉，走出湖州，成为中国的余村，世界的余村。现在，它就如同一块巨大的磁石，吸引着全国的参访团，吸引着世界各地的游人，也吸引着无数有梦想的青年。这个天目山脚下的小小村落，每天被人们关注、揣摩、期盼，由此产生了巨大的知识产权价值。

正因如此，大余村应运而生。湖州市和安吉县的决策者们，以一种非凡的格局和发展信心，在安吉县南部的天荒坪镇、山川乡、上墅乡245平方千米范围内，通过资源高效配置、片区一体化差异发展，建设一个"高能级、现代化、国际范"的大余村，共享小余村辐射的知识产权流量。

在这个气势恢宏的安排中，我们看到了决策者的智慧：一幅大余村的蓝图，为发展拓展了空间；一项"青年大社区"的策略，为发展提供了动力；一个"余村大景区"的定位，为发展提供了方向。三者融合，可谓高明至极。

同中国众多的乡村相比，余村的自然资源其实并不突出，它有今日之成就，与当地人"敢为天下先"的精神密切相关。

这使我想起碳元素在自然界的三种形态：石墨、煤炭、金刚石。就其基本元素来说，三者都是碳，但煤炭、石墨和金刚石之间却有天壤之别。碳原子排列得杂乱无章，就是煤炭；稍微整齐些，成为石墨；如果井然有序，那么它就成了金刚石。其中的差别，就是内部原子在排列方式上存在不同。

余村能够独树一帜，大概也是如此。山还是那些山，水还是那些水，但是，经过决策者的精心排列组合，却产生了完全意想不到的效果。从小余村迈向大余村时代，一幅产业高质、乡村宜居、农民富足、青年回归的新画卷，在广袤的山野田畴间，正徐徐展开。

今日的大余村，堪用"日新周异"来形容。"余村全球合伙人"计划、大余

村 O_2 生态文化圈计划、绘乡计划、青来集等众多新锐项目纷纷落地。来自各地的年轻人会聚于大余村，自觉推动这片绿水青山蓬勃向前。

开始写这本书，是 2023 年初春。半年后，整个大余村的新经济、新文旅、新农业又迭代升级。这种变化，让我的笔尖根本跟不上"余村速度"。而大余村还在不断整合、突破、创新、求变，一首中国式现代化乡村建设的交响曲在这片大地上日夜不停地演奏。

如此，我的笔墨肯定无法覆盖这片土地上的所有亮点，只能勉强记录下大余村范围内的部分山水表情，记录一些年轻人瞬间定格的身影。好在，无论捧起大余村山水中的任何一掬，都不负《如此青绿》之名。

书中所指的余村，既包含 4.86 平方千米的小余村，也涉及 245 平方千米的大余村。行文之时，无法一一分辨。但愿这些文字能为游人带去旅行的片刻乐趣，也为那些在这里寻找青春梦想的年轻人鼓掌欢歌。

▲ 芦苇摇荡

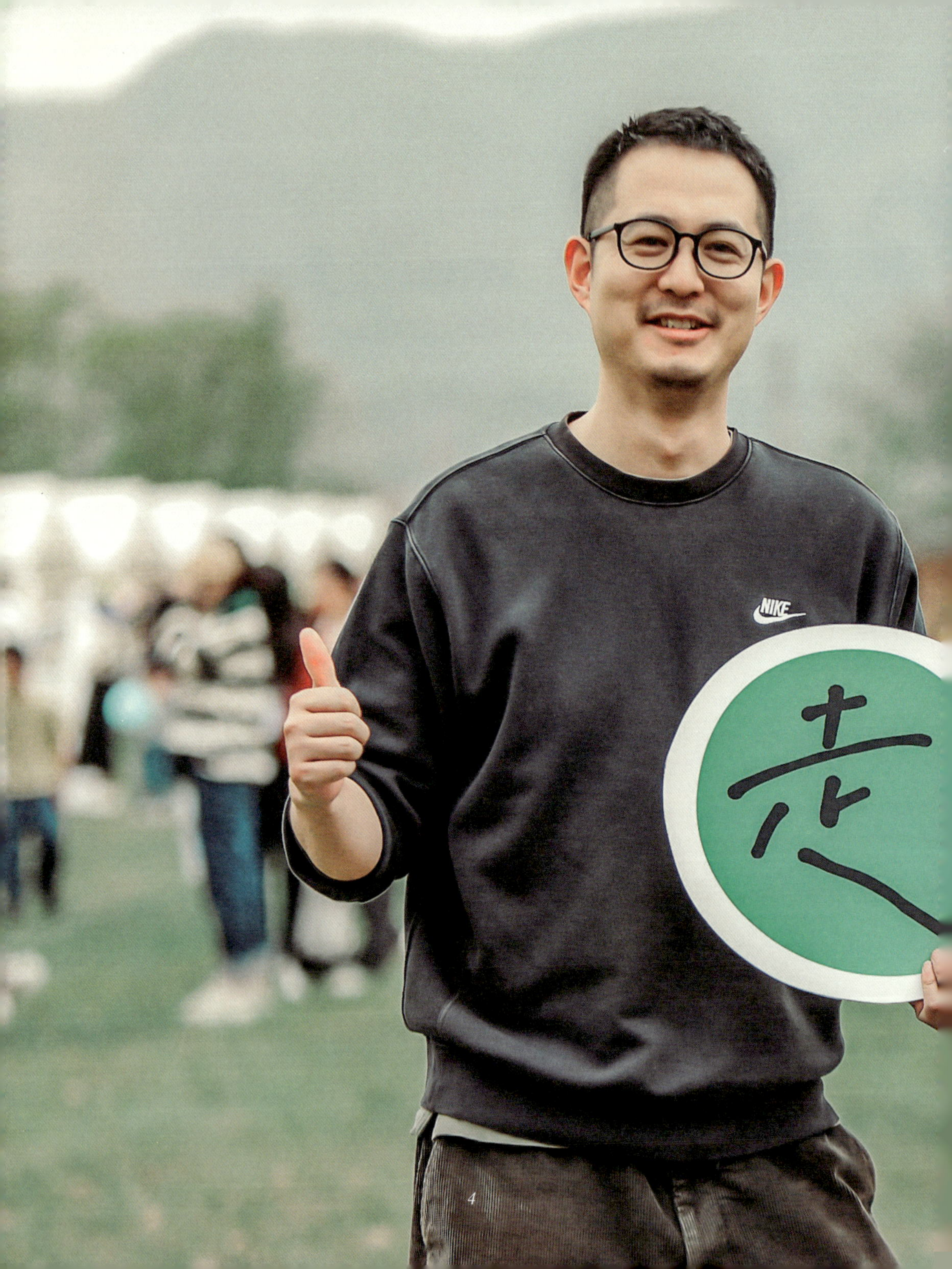
NIKE

▲余村全球合伙人

目录
contents

第一部分	世界，有余村的故事
002	1. 天目晴雪·浮玉晚娇
009	2. 那一抹无法忘却的曙光
014	3. 如此青绿，三月春光正好
019	4. 世界也知道这个地方
026	5. 余村，未来已来
032	6. 赴一场青山绿水之约吧

第二部分	观山看水，读云听禅
046	1. 竹海与《卧虎藏龙》
053	2. 天下银坑，《夜宴》开始的地方
057	3. 江南天池与长龙山：高山出平湖
063	4. 云上草原，云端的青春激扬
071	5. 灵溪山谷的空灵禅宗
077	6. 白茶祖，从九龙峡开枝散叶

I

	084	7. 矿山遗址公园的前世今生
	091	8. 千年禅院和90后住持

第三部分		**不一样的村落**
	098	1. 老街衣袂里的时尚
	102	2. 马吉村，听说新四军曾来过
	107	3. 被"文创"的水泥厂
	113	4. 想与明星偶遇？去银坑村吧
	117	5. 树景坞梯田里的花月夜
	121	6. 一条大溪波浪宽
	128	7. 港口无船千丈竹

第四部分		**小居别处**
	134	1. 息心庐，依山听泉
	138	2. 迈岚&古道缘：与苍山、碧树、古道为邻
	145	3. Rice米家民宿中的你，很上照
	148	4. 去鹤岭印象，喝一杯"吹风茶"
	153	5. 江南天池度假村：适合大雪漫天的季节
	157	6. 在天文酒店里数星星
	163	7. 除了"大年初一"，更有"年年有余"

167	8. 小隐半日，上瘾一生
172	9. 露营，也是一种"小居别处"

第五部分 | 转角处的惊喜

178	1. 烧烤与啤酒，一个声名远播的欢场
182	2. 中山酒楼，烟火味里的往事
187	3. 小胡的咖啡老胡的酒
194	4. 有一种时尚，叫绿道生活
200	5. 青来集，千名青年的理想集结
208	6. 文益社的生活灵感便利店
212	7. 青年图书馆，藏着零碳和国漫的秘密
218	8. 余村迷笛艺术周，青春的旷野之声
225	9. 秋天，期待那满眼的金色
231	10. 用清新的方式，在余村想你

第六部分 | 不是在博物馆，就是在去博物馆的路上

236	1. 触摸"绿水青山就是金山银山"理念的红色根脉
242	2. 无界生态展厅的"千万"风景
246	3. 看！那是江南天池 10877 号星
250	4. 竹的千万种可能

| 255 | 5. 千茶万别，一茶一世界 |
| 259 | 6. 姚家大院，追寻远去的记忆 |

第七部分 | **来自绿水青山的问候**

268	1. 在竹乡，可带走什么？
280	2. "可盐可甜"的山野礼物
288	3. 一眼就知道去过余村

后记 | **最是那一抹青绿**

▲ "世界最佳旅游乡村"标志

第一部分
PART ONE
世界，有余村的故事

天下名"余村"者，不知凡几。

粗粗一查，便有河南焦作温县余村、陕西咸阳兴平市余村、四川乐山峨眉山市余村、浙江丽水庆元县余村、浙江湖州安吉县余村……至于大余村、小余村、新余村、老余村等等，更是不计其数。

在这些"余村"中，最著名的当数浙江安吉余村。此余村乃"绿水青山就是金山银山"理念的诞生地，党的十八大后成为美丽中国的参照样本，因此闻名九州，来访者络绎不绝。2021年12月，联合国世界旅游组织将安吉余村评选为首批"世界最佳旅游乡村"，更让此余村名震寰宇。

"世界最佳旅游乡村"可谓乡村旅游的"天花板"，这是极高的荣誉。首届评选中，中国仅安徽黟县西递村和浙江安吉余村两地获此殊荣，中国"唯二"，你说牛不牛？

每个村落都有自己的历史和发展脉络。在江南的绿水青山中，余村已越历千百年。它今日之成就，有历史的必然，也有时代的偶然。

顺着本书墨迹，让我们一起走读安吉余村。

1. 天目晴雪·浮玉晚娇

中国的村落由聚族而居形成的居多。这些村落常以家族姓氏为名，比如张村、胡村、陈村、李村、徐家村等。因此，不少人也以为余村即余姓族人聚居之地。当某人自报家门说"我是安吉余村人"时，听者便往往会随口一问："尊姓余？"

这当然会闹笑话。余姓在宋版《百家姓》中排第 90 位，但安吉余村的村名另有出处。此余村之"余"，非姓氏之"余"，而是天目山支脉余岭之"余"。村落处在余岭脚下一个山坞之中，村因岭名，称"余村"；那个容纳它的山坞，便称"余村坞"。事实上，余村是在清末太平天国战乱后，由五湖四海之人迁居而聚成的移民村。全村仅 280 多户，姓氏却有 108 个之多。其中是否有余姓人家，未做考究。即使有，也不是村中的大姓。

天目山是余村的大靠山，余村的自然环境承载了这座中国南方知名山脉所有的特征，风光秀丽无比。

天目山脉横亘于浙江西北部，主峰在杭州临安区内，有东天目和西天目两峰，相距 10 千米，峰顶各有一池，如两眼仰望天空，是谓"天目"。山脉自西南向东北延伸至安吉县境内，余脉蜿蜒直至太湖，成为钱塘江水系和苕溪水系的分水岭。绵延不绝的天目山，构成了浙江北部的脊梁，正可谓：

▲ 雄伟的天目山脉

山分水系，入钱塘、倾太湖、润万户；

地居龙脉，掎皖南、伸浙北、望千家。

形成于1.5亿年前燕山期的天目山脉，是江南古陆的一部分。其地形复杂，地貌独特，被称为"华东地区古冰川遗址之典型"。山中峭壁突兀，怪石林立，峡谷众多，集大自然鬼斧神工于一处。

天目山汇儒释道各宗文化印迹，素有"天目灵山"之称。据传，西汉张道陵在天目山出生并成大道，天目山后被道教列入"三十四洞天"；南朝梁昭明太子萧统曾隐于此山编撰《文选》。它还是日本临济宗永源寺中兴的发祥地。天目山上寺庙林立，历代与东南亚各国佛事往来频繁。特殊地貌和宗教相融，使这一带的动植物得到很好的保护，天目山成为我国亚热带林区高等植物资源最丰富的区域之一，也是浙江省唯一加入国际生物圈保护区网络的自然保护区。

厚重的天目山，是历代文人喜好游览之地，历代名家留下了大量的诗文佳作，把天目山余脉安吉大地上的景色写了个遍。

安吉古属故鄣县，后几经变迁，于东汉末年在故鄣县南拆分出了新的安吉县，因此安吉也有"鄣南"之称。元末诗人凌说作有《鄣南八咏》，描绘了安吉县域内最具特色的八个景点，即"天目晴雪""浮玉晚娇""渚溪夕照""梅溪春涨""独松冬秀""石埭夜航""北庄梅花"和"樊坞梨园"。

▲ 天目晴雪

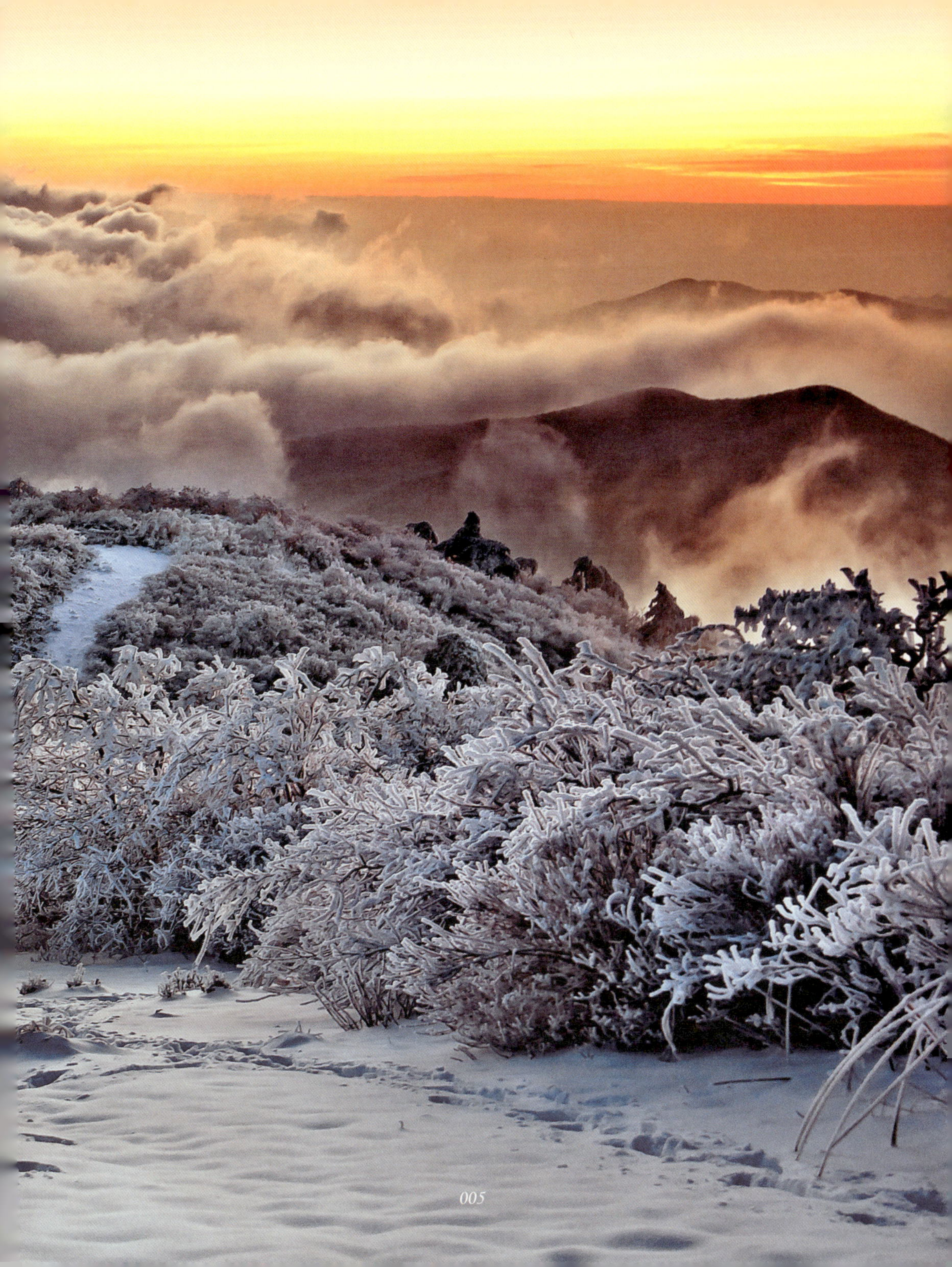

《鄣南八咏》中的"天目晴雪""浮玉晚娇"二咏,写的就是余村一带的物象。诗人认为,天目山最美的景致,是冬季雪后放晴之际。

《鄣南八咏·天目晴雪》写道:

两池银水在云中,岩壑生花瑞气隆。
盐虎作寒连地合,玉鳌扶冻与天通。
照人错落山应瘦,向日消残树半空。
独有小梅清见骨,只将春色笑春风。

数百年后的今天,天目山北侧的晴雪之景依然如故。

选一个雪后初晴的午后,从余村出发,直向天目山深处行。远山在雪后有冷凝的气息,在半腰中氤氲蒸腾。入山登高,路旁的松、柏、樟,以及屋舍、禅寺,所见皆沐浴在雪后清冷的辉光里。至山顶,只觉天地壮阔,确有"山舞银蛇,原驰蜡象"之浩瀚。小树湮没于雪海之中,大树傲立于莽原之上。积雪与虬枝默然相融,岿然不动,生出一份别样的和谐。

太阳出来的一刹那,辉光斜照银装素裹的世界,树与树影墨染成片,有一种不可言喻的朦胧感。此时此刻,光与雪辉映,山与天无隔,人与自然融合。大自然演奏着白色、青色和橙色的交响曲,宛如生命神秘的律动,给人以绵延不息之感。沉浸其中,霎时有脱离尘寰、遨游天际的冲动。

或许,大自然最美的时刻,就是这雪色与日光交替的一刹那。历代文人多有描摹。宋人释文珦有《雪霁》诗"霁雪千峰玉,朝阳万树金";元代画家黄公望有《快雪时晴图》,画的也是雪霁之景,同时代的湖州籍书法家赵孟𫖯在画上题写了"快雪时晴"四字,与图合璧,书画同源,此画遂成千古名作。

明万历《湖州府志》记下了"天目晴雪"之景象:"每当微雪初霁,自县南递铺一带望之,群山无雪,唯天目青白相间,雪色㵩㵩,与日光相炫耀,其景不能言状云。"民国时孝丰人陈彭寿为了印证"天目晴雪",曾请摄影师拍下一组天目山雪后放晴的照片，在上海展出，引起很大轰动，算是早期的旅游推广了。

回首向山下眺望，小小的余村也是白茫茫一片。村舍掩映于大雪之中，路上偶尔有人行走，在午后的斜阳与雪色中，构成了鲜活的支点。

《鄣南八咏》中与余村相关的另一咏，为"浮玉晚娇"：

> 白玉山前叠绮纨，故将娇艳弄轻寒。
> 天香喷散龙涎饼，国色铺交玛瑙盘。
> 贵重万花春作主，醉逢三月日凭阑。
> 自从李白题诗后，不许寻常子弟看。

浮玉山，出自《山海经》，传为仙人居住之地，也是天目山的别称。

清顾祖禹《读史方舆纪要》说："天目山，一名浮玉山，其山连亘于杭、宣、湖、徽四州之界。"但据陈连根先生考证，凌说所咏的"浮玉晚娇"，具体对应的是安吉余村境内的南屿山。这与明万历年间《浙江通志》的记载基本吻合："浮玉山在孝丰县东南十五里。"此说法与天目山的通称并不相悖，余村这一带的山本来就属于天目山脉，只是所指范围大小有别而已。

"浮玉晚娇"的场景，是指每年农历三月，余村的南屿山地区天气渐暖，雨水明显增多，傍晚时易起雾霭，水汽在空气中折射出七彩的光，上下翻腾，或隐或现，漫延于山涧，形成了绚丽如幻的"晚娇"景色。

在古人眼中，由于寒暑、晨夕、远近的不同，山会呈现出不同的色泽，因而有碧山、翠微、石青、黛紫、苍绿等意象。春日的南屿山，玄幻悠远，真是一幅多彩的图画。天地大美，不过如此。

余村，便位于这片自然与人文交相辉映，绵延200千米的天目山脉的一个山坳之中。说它有"地利"之宜，丝毫不过分。

▲ 浮玉晚桥

2. 那一抹无法忘却的曙光

余村的全称，是浙江省湖州市安吉县天荒坪镇余村村，位于县西南。

从空中俯瞰，余村大地如一幅水墨画。群山苍翠，竹海连绵，田野如金。田野之中，是红瓦白墙的村庄。一条小溪从中流过，道路沿着溪岸延伸，路旁树木掩映。村舍分立道路两侧，一派和谐安宁的景象。

这是一个典型的江南山村。村舍很美，房屋、路标、店招等都经过精心设计。空旷处，有毛竹搭建的造型观景棚和五彩稻田，交通大道与村庄绿道各自延展，这一切，让古朴的乡村融入了现代的印记。

事实上，很多年前的余村完全不是这个样子。今天的样貌，源自2005年的一抹曙光。这曙光让余村脱胎换骨，甚至影响了整个中国的走向。

尽管余村的故事已被人们重复千遍，但行文至此，还是有必要略作回顾。每一次记录，都是一场反思，都会泛起新一轮的感动。

让我们把目光投向20世纪八九十年代。彼时，改革开放的洪流席卷全国。在中国各县城，我们总能看到这样的标语："工业立县，开放兴县。"全国到处是工业开发区，到处都在招商引资，安吉也不例外。

小小的余村，也卷入了这场发展的浪潮。依托当地丰富的石灰岩资源，村里开石矿、建水泥厂，成为远近闻名的富裕村。然而，这些低端的产业对环境的破坏十分严重。巨大的噪声回响在村庄上空，村里的小溪流淌着污水，厚厚的粉尘覆盖着周边的植被，竹林开始枯萎，甚至村口的几棵百年银杏树都破天荒地不结果了。村强了，民富了，好环境却被破坏了。

不仅余村如此，整个安吉县域也基本一样。

安吉坐落于长三角中心，境内的西苕溪注入太湖，是黄浦江的源头，承担着太湖和黄浦江生态屏障的重任。以资源为代价的工业化发展道路，不仅直接影响本地的环境和可持续发展，而且给太湖流域带来了严重的后果，间接影响了长三

角区域居民的生存质量和经济社会的发展。

1998年,国务院启动太湖治污的"零点行动",安吉因水环境破坏严重受到黄牌警告。这让安吉人冷静下来,开始审视自己的发展之路。是的,经济与生态的和谐发展,影响着人类的现在,也决定着人类的未来。太湖要保护,黄浦江之源要保护,野蛮粗犷的发展模式到了不得不改的时候。

"零点行动"使安吉决策者痛下决心。20世纪的最后一年,安吉启动系列"绿色工程",整治了数百家污染企业,复绿了200余处矿山,强制关闭了22家严重污染企业,其中包括余村的部分石矿和水泥厂。

安吉为此付出了沉重的代价,经济发展水平倒退了一大截。但令人欣喜的是,大自然的生态危机就此止步。

世纪之交的浙江大地上,发生着两种发展形态的思辨:一种是以挖掘自然资源为代价的持续"高速发展";另一种是寻找新出路,将生态经济作为未来的方向。两种思路,两种作为,冲突很大。

安吉余村,可以说是这个大背景下的一个小小缩影。

村里前些年停矿复绿,但村经济与百姓收入均出现了明显的下滑,村民们不知未来路在何方。正当余村人徘徊在十字路口时,2005年8月15日,时任浙江省委书记习近平同志来到这个小山村调研考察。

习近平同志充分肯定余村的做法，说"下决心关停矿山是高明之举"，并提出"绿水青山就是金山银山"理念。

"绿水青山就是金山银山"，这句话照亮了这个村庄的未来之路。此后，余村人不再犹豫，很快关停了所有矿山、水泥厂、化工厂，积极投入植树护林、复绿矿山等行动，自觉开始践行"绿水青山就是金山银山"理念，努力将当地绿水青山的环境优势转化为建设"金山银山"的现实生产力。

村"两委"带领村民封山护水，大力开展环境综合整治，实施村庄绿化、庭院美化等工程，全面改造并提升人居环境。短短3年时间，余村成为安吉县第一批美丽乡村精品村之一，并在验收时列全县第一名。

随着环境逐渐恢复，余村将村子划分为生态工业区、生态旅游区和生态观光区，大刀阔斧地发展旅游业，利用得天独厚的山水资源，鼓励村民投资生态项目，吸引工商资本赋能，同时以美丽乡村为抓手，实现景美人和，将旅游业搞得红红火火。十几年后的今天，余村的人均收入远远高于全县乃至全省的平均水平，村民的幸福感、获得感、荣誉感都大大增强。

余村的村口，山环水抱、明堂开阔，有一块巨石耸然而立，正面镌刻着"绿水青山就是金山银山"10个大字。这块石碑是"绿水青山就是金山银山"理念提出10周年之际立的。碑上的文字，如同大海上的灯塔，既为余村指明了方向，又是就整个中国未来的发展给全世界最好的回答。

▲ 余村全景

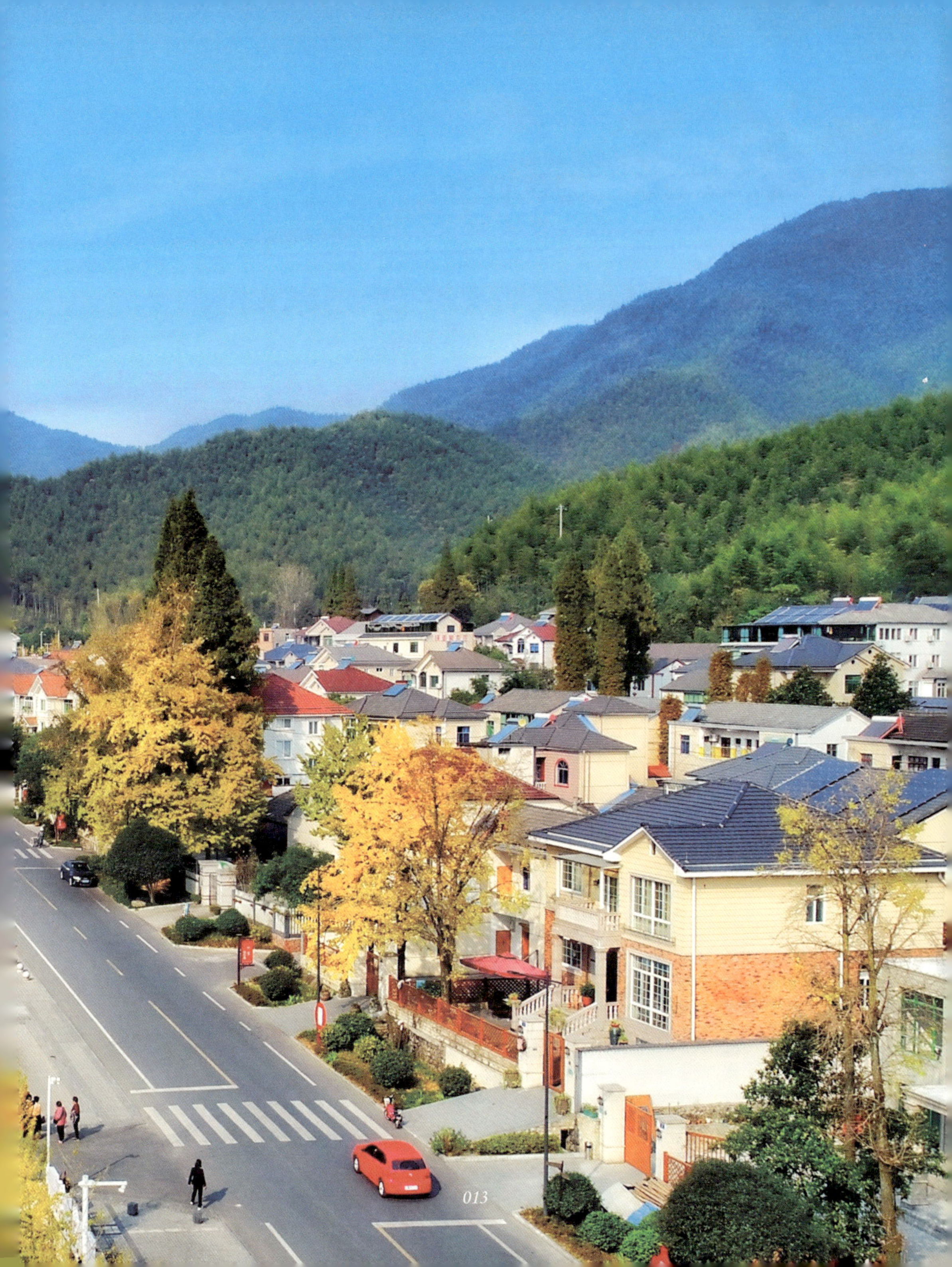

3. 如此青绿,三月春光正好

2020 年的春天,对余村来说,又是一个特殊的时节。

3 月 30 日下午,习近平同志再次来到余村考察。这次来,距离他上次踏上这片土地,已过去 15 年了。

余村的三月,是绿色的。春水初生,春林初盛,春雨笼罩着万物,就像蘸着绿色的画笔,将山山水水点染一新。山峦、树木、溪水、房屋、行人,都沐浴在独有的青绿色里。这微妙的青绿,脱去了从前的沉重与忧愁,酝酿出一种安宁的气氛。群鸟在树梢啼叫,提示着余村已是万物更新。

油菜花田

15年,是漫长光阴浓缩成的一粒琥珀,但长镜头流转,并非瞬间。微风拂过油菜花田,翻起层层金色波浪,空气里带着清香。

村民们把习近平总书记迎进潘春林家的春林山庄,总书记同在场村民亲切交流。他说,这里发展美丽乡村得天独厚,走对了路子,相信余村未来会更好,祝余村百姓生活芝麻开花节节高。

习近平总书记亲切的话语,如同这个季节的熏风,吹拂着余村的漫山遍野,吹过了村庄的大街小巷,吹暖了每一个余村人的心。

"没想到总书记会来我们家,这是我一生中最难忘的日子!"此后很长时间里,潘春林都把这句话挂在嘴边。

潘春林原是矿山上的一名拖拉机手,矿山关停之后,他一度很迷茫。2005年,

▲ 灯笼高挂的春林山庄

他成了村里最早接受"绿水青山就是金山银山"理念的人。带着对未来的憧憬，他拿出全部家当，办起这家春林山庄。现在春林山庄已发展成当地最大的农家乐。除此之外，潘春林还相继开办了旅行社，承包了旅游景区，"绿色产业"越做越大。

余村改变发展模式的受益者，当然不止潘春林一人。

胡青法一家几代都生活在余村。在30岁之前，走出大山、奔向都市是他最大的愿望。因此，他在杭州创过业，后来留在宁波做生意，一晃就是近20年。哪知兜兜转转，最终还是回到故乡，成就了另一番事业。

2016年，胡青法的一个设计师同学建议他把老家的房子改建成民宿。这刚好切中他回村创业的愿望，于是两人一拍即合。一年后，民宿青之恋舍落成，胡青法成为这家民宿的老板，从此再也没离开过余村。

取名青之恋舍，其中隐含绿水青山之意，也嵌入了胡青法自己的名号。民宿的每个房间以古代青绿山水画作为装饰，远山近景，亭阁人物，青绿设色，浓淡相宜。这或许是民宿主人对故乡山水最真实的理解。

越来越多的村民享受到乡村旅游带来的红利。村民胡有乾创办了余村供销社，这是全国较早设立的村级供销社，其功能是吸收、采购余村和周边乡村的优质农产品、特色产品、手工艺品等，通过电商、会展、旅游附带销售等多种形式实现产销对接，带动村民们获得更多流通环节的增值收益。

在余村，像这样从事特色经营的家庭有很多。这些经营既帮助村民增加收入，又避免了市场的无序化竞争，还为村庄的旅游业增添了风情。

余村邻里间很少产生矛盾，略有不快，到村里的调解中心去一趟就好了；游客一扔烟蒂，就有村民捡走放进垃圾桶；人们脸上的笑容是那么灿烂，消除了远方来客长途奔波的疲惫。

实践证明，生态本身就是经济，保护生态，生态就会回馈你。所有余村人都以此为圭臬，一步一个脚印地朝着这个方向走下去。每个人的心中都植入了一种保护生态、与大自然友好相处的共识。

余村的发展日新月异，肉眼可见。它早已跨越"绿水青山就是金山银山"理念发源地这个初始阶段，其自身的魅力就足够令人流连忘返。

村头那块"绿水青山就是金山银山"纪念碑，是余村的标志，也是中国美丽乡村的注脚。所有来到余村的人，都愿意驻足拍照，留下纪念。

村中有数百棵银杏树，夏天绿意盎然，秋天金黄似火，是余村的另一份标志。其中有3棵古银杏树龄都在1000年以上，被称为"一王二妃"。这些千年古树，见证了这个村庄千百年来的沧海桑田。

在地势开阔处，一道造型奇特的竹长廊十分醒目，据说它出自清华大学设计师的手笔，是新时代余村的时尚标志景点。

不远处还有五彩田园，用彩色水稻种出"绿水青山就是金山银山"10个大字。天气晴好时，田园和蓝天白云组成了一幅绝美的大地图画。

村子里小桥流水相映，亭台楼阁相依，村巷干净通达，村民笑容可掬，随处可见特色商店、民宿和农家乐，吃、住、购都非常方便。

如果你慢下脚步，还可漫游荷塘雅趣、"两山"会址、隆庆问禅、果园飘香、激流勇进、翠竹幽径、古树秋思、龙潭碧玉、矿山遗韵、余岭怀古等余村十景。小住一两天，定会发出"一个村庄竟可如此这般"的感叹。

江南的乡村，有一种水墨青山、烟雨朦胧的迷离之美，是不少旅游爱好者最向往的意境。余村也是如此，只有亲身停留过才能知其味。

"人充满劳绩，但还诗意地栖居于大地。"这是19世纪德国诗人荷尔德林的诗句，后经海德格尔的哲学阐发，"诗意地栖居"成为人类的共同向往。今日余村，环境优美、交通畅达、配套完善、宜居宜业，正是诗意栖居之地的真实写照。

4. 世界也知道这个地方

2021年12月2日，在西班牙马德里举行的世界旅游组织第24届全体大会上，余村被评为首批"世界最佳旅游乡村"。本次参评的总共有75个国家的174个乡村，最终，来自32个国家的44个村庄脱颖而出。其中，中国占据二席，一是浙江安吉余村，二就是安徽黟县西递村。

这一天，余村吸引了全世界的目光。

获此殊荣，说明余村在中国旅游乡村方面取得了突出成就，乃至在世界旅游乡村这一层次上也十分出彩。它成功地将生态资源优势转化为经济发展优势，实现了生态保护和民生改善共赢，获得了全世界的认可。

联合国世界旅游组织秘书长祖拉布·波洛利卡什维利在信中祝贺："余村这一创举将会推动旅游助力乡村地区发展，增进乡村群众福祉，同时提升和保护乡村及其周边地区的自然和文化多样性、价值观念和特色活动。"

世界开始注视余村。这个从漫天尘土中走出来的村落，加入"世界最佳旅游乡村"交流平台，并获得联合国世界旅游组织及其合作伙伴在乡村旅游发展上的支持，极大提高了中国乡村旅游的国际影响力。

首届"世界最佳旅游乡村"评选于2021年5月启动，世界旅游组织希望借此拉动世界乡村地区发展，推动落实全球可持续发展战略，同时进一步提升旅游在认识和保护乡村居民与环境、乡村知识体系、乡村生物和文化多样性、乡村地方价值和活动，以及乡村美食等工作中的重要性。

世界旅游组织认为，乡

▲世界旅游组织官员考察余村

▲ 联合国世界最佳旅游乡村

村不再局限于农耕或者天然资源的开采，而是要达成人与自然环境和谐发展的生存状态，让旅游作为一种可持续发展的方式，带动当地经济发展，增进民生福祉。

这一理念，与"美丽中国"建设的战略不谋而合。

早在 2018 年 4 月，联合国前副秘书长埃里克·索尔海姆来到余村考察时说："我在余村看见了中国未来发展的美丽模样。"

余村面积 4.86 平方千米，森林和植被覆盖率均在 90% 以上，出境地表水质常年属一类以上，空气质量一级，全年优良天数 360 天左右，自然景观和文物古迹被完整保护，是名副其实的气净、水净、土净的"三净"之地。这个村落吸引着来自世界各地的游客，日均接待量接近 5000 人。

十几年的发展，余村荣获"全国乡村旅游重点村""全国生态文化村""全国美丽宜居示范村"等称号，在"绿水青山就是金山银山"理念的指引下，走出了一条生态美、产业兴、百姓富的可持续发展之路。

今日的余村，已成为中国东部地区最富有的乡村之一。大道旁的普通农房经设计装修，变成了高端民宿或农产品展销馆；在偏僻山坳中闲置多年的房屋被成功盘活，成为旅游综合体或研学中心。山青水绿，天蓝气净，宛若桃源，余村真正做到让村庄变景区、农房变客房、村民变股民。余村村民现在的主要收入来源于休闲旅游，以及股金、租金、薪金。在环境改变和生活改善的基础上，本地大学生和返乡人员的创业就业人数也在逐年递增。

以生态旅游为基础，以"提升旅游目的地竞争力"为目标，余村不断开发创新旅游服务项目，在旅游电子商务平台接入、旅游活动营销、乡村旅游品牌打造、旅游服务管理等方面系统梳理和延伸了乡村旅游的价值链。

可见，余村入选"世界最佳旅游乡村"，很重要的一个原因是当地旅游业已成为乡村振兴和经济可持续发展的动力源。以余村为样板的乡村旅游，已经成为安吉乃至整个浙江共同富裕和社会发展的推动力。

每个时代都有特定的价值取向。在以前，人们旅游更倾向于都市名城或异域风情，乡村几乎与旅游毫无干系。时过境迁，人们厌倦了都市的喧哗，喜欢上了乡村的恬静，"乡村游"渐渐成为这个时代旅游的热点。

正因如此，造就了一批像余村这样的"世界最佳旅游乡村"。

这次评选的是"最佳"，而非"最美"。其中的区别，从世界旅游组织秘书长给余村的贺信中可以解读。"最佳"，是指那些成功使旅游业为乡村带来发展和福祉的村庄。换言之，就是"乡村旅游使生活更美好"。

不仅是余村，其他入选的43个村庄都有这样的特点：生态旅游带动经济发展，给发展中的村落提供经济发展的另一种可能。

不妨来浏览几个与余村并列的本届"最佳"。

▲西递村

安徽黄山南麓的西递村，始建于北宋年间，2000年被联合国教科文组织列入《世界遗产名录》。西递村以徽派古建筑和田园风光吸引了大量游客，通过探索文化遗产在保护中活化利用，构建人、物、景良性互动的可持续发展路径，从一个欠发达的村庄转变为国内外知名的乡村旅游目的地。

葡萄牙的卡斯特洛罗德里戈村，是朝觐者去欧洲圣地——圣地亚哥德孔波斯特拉的必经之路。斑驳的石墙上遍布历史的脚印，跃动的阳光唤醒古朴的村落。卡斯特洛罗德里戈就像是一个巨大的礼盒，打开它，你就能收获中世纪的"回忆"，因此旅游业十分兴盛。

在瑞士弗里堡州起伏的丘陵上，格吕耶尔村朴素静美。由于远离尘嚣，这里的人们非常重视传统风俗和传统工艺，仍然过着以畜牧业为主的生活。格吕耶尔奶酪是瑞士的国宝之一，其历史可追溯到 1115 年，被誉为"奶酪中的贵族"。很多来这里的游人就是为了品尝有名的奶酪和奶酪火锅。

西班牙莫雷拉村位于距离瓦伦西亚 200 千米的群山之中。建于 14 世纪的莫雷拉城堡骄傲地坐落在山顶上，俯瞰整个小镇。越靠近村庄，越会被巨大的城墙和雄伟的塔楼震撼。在欧洲，莫雷拉是名副其实的"网红小镇"，许多欧洲游客会在假期慕名而来。

▲莫雷拉村

马克·吐温曾说："上帝先创造了毛里求斯，再仿造毛里求斯创造了伊甸园。"莫纳山村就在毛里求斯西南部，因拥有美丽的海滩、隐秘的瀑布、湛蓝的礁湖，成为明信片上最常见的地标之一。莫纳山村的海岛风光比热带雨林多了一份灿烂，比高山峡谷多了一份浪漫。

在秘鲁，奥兰泰坦博村是圣谷中唯一保留着原始布局的印加古镇。小镇里散落着几处宫殿的残垣断壁，当年的祭祀区、梯田与粮仓均保留有遗迹。奥兰泰坦博不仅是一处遗迹，更是当地人的生活展台。集市里，许多身穿艳丽服装的印第安妇女随着音乐起舞，民族风情原汁原味。

希腊的苏夫利翁村被誉为"丝绸之城"，它占据着海上和陆地相交的十字路口。受古代丝绸贸易的影响，19 世纪时，这个村落成为希腊的丝绸生产中心。苏夫利翁借古老的丝绸工艺吸引游人，让旅客更好地体验乡村生活和当地的传统习俗，促进文化传承。

"世界很大，我想去看看。"当你背上行囊准备追寻诗和远方时，这些"世界最佳旅游乡村"都是不错的选择。

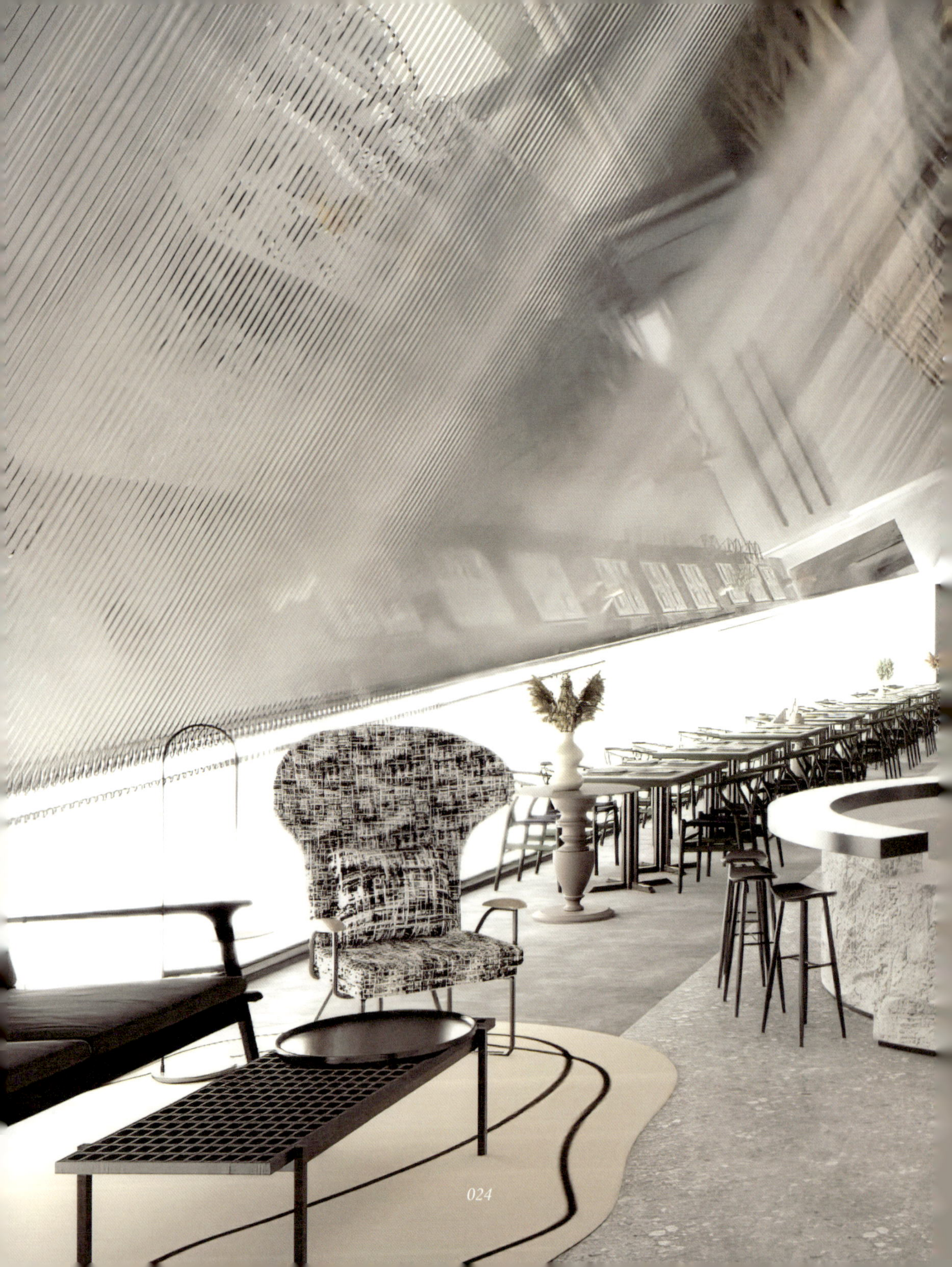

▲长歌行余村青年食堂

5. 余村，未来已来

乡村，承载着农耕文明的记忆，是中华田园理想的寄托之所。随着社会发展，从城市回归乡村的氛围便愈加浓厚。

我国乡村发展已走过三个阶段。第一阶段以 2005 年启动的"新农村建设"为标志，注重农村社会的综合变革；第二阶段以 2008 年浙江安吉县提出的"中国美丽乡村"计划为标志，着眼乡村生态生活环境的改善；第三阶段以 2017 年提出的"乡村振兴战略"为标志，推进乡村的产业升级驱动。

2022 年，"未来乡村"横空出世，中国乡村进入了更高的发展阶段。

什么是未来乡村？它既有桃源田舍悠然南山、鸡犬相闻采菊东篱的优美意境，也有不输城市的现代文明和智慧场景。未来乡村将为原乡人提供品质生活，为原住居民提供本土创业机会。这是一种美好的乡村组织形态，颠覆了千百年来中国人对村居生活的想象，具有极大的发展可能和无限的成长空间。

"未来乡村"的萌动，又是在浙江大地上开始的。

2021 年 6 月，《中共中央　国务院关于支持浙江高质量发展建设共同富裕示范区的意见》发布。浙江作为经济发展最均衡的省份，面对发展新局，提出"未来乡村"概念，使其成为乡村振兴的重要抓手。

浙江省明确提出："开展未来乡村建设试点，迭代升级未来邻里、现代产业、公共服务、乡村文化、特色风貌、绿色低碳、乡村善治等场景，建成一批引领品质生活体验、呈现未来元素、彰显江南韵味的示范性乡村新社区。"

浙江未来乡村建设，可概括为两大目标：其一，以"人本化、田园化、科技化、融合化"作为四大价值坐标；其二，以"未来文化、生态、建筑、服务、交通、产业、数字、治理、精神"为重点的九大场景。

至此，未来乡村的轮廓逐渐清晰。

未来乡村建设，本质上是实现共同富裕的重要举措之一。安吉是中国美丽乡村的发源地，余村更是"绿水青山就是金山银山"理念的诞生地，在这场风云际会中，它必然不会缺席。2022年5月，余村入选浙江省首批36个未来乡村。

▲余村创意田园

余村，又一次站在时代的交汇点上。

乡村产业要振兴，需要一定的区域和体量，才能具备多元化的功能布局。但单个乡村受行政区划局限，资源不足，产业布局、招商引资都难成气候。因此，未来乡村需要整合一定的物理空间，站在更高的视野推进组团式发展。

于是，"大余村""余村大景区"等概念应运而生。

历史的机遇，让余村自带知识产权流量。仅以接待游客量计算，余村每年接待游客已近百万人次。如何推动巨大流量向周边辐射，带动邻近乡村统合发展，实现更多的百姓增收致富？在走向未来乡村的规划中，安吉县决定在天荒坪镇、山川乡、上墅乡的245平方千米范围内，通过实现资源高效配置，推动片区一体化差异发展，建设一个"高能级、现代化、国际范"的大余村。

大余村的确立，对于余村自身发展也至关重要。余村是一个"八山一水一分田"的小山村，面积不足5平方千米，人口仅1000余人。现在，大余村拉开了更大的框架，通过资源的有机整合，各村实现优势互补，为余村未来的发展提供了更大的可能。

推动小余村向大余村的发展跨越，体现出湖州市和安吉县决策者们一种非凡的格局和发展信心：一幅大余村的蓝图，为发展腾挪了空间；一项"青年大社区"的人才策略，为发展提供了动力；一个"余村大景区"的产业定位，为发展提供了方向。三者融合，可谓高明至极。

这种"组团"并非简单的物理组合，而是通过一体化规划、项目化运作、集成化示范、片区化共享，产生"化学反应"，既可避免重复建设，又可打破行政"篱笆"，真正按照产业和市场的需求，进行量身定制的资源配置。

走品牌化经营之路，是大余村未来乡村的另一亮点。

大余村打出了"未来原乡"的品牌，立足"望得见山，看得见水，记得住乡愁"的美丽乡村发展理念，结合未来乡村人本化、生态化与数字化价值的系统创新，探索人本原乡、生态原乡、数字原乡三大创新特色。

事实上，余村的品牌意识很早就觉醒了。过去十几年间，从"绿水青山就是金山银山"理念诞生地，到"全国美丽宜居示范村"，再到入选"世界最佳旅游乡村"，余村在每一个发展节点上都抓住时机，做好了自己的品牌推广。

2022年7月6日，余村与新华社实现战略合作，共同启动大余村全球品牌标识体系征集，根据网络投票及专家意见，遴选出最符合大余村定位的品牌核心理念及标志，打造"村庄联盟"的全球竞争力和发展内生力。

▲余村品牌建设项目签约仪式

与此同时，大余村还与新华社携手建设全国首个乡村品牌实验室。引入智库资源，成立品牌建设专家委员会，通过品牌规划、品牌推广、课题研究、成果发布等多种路径，建构乡村品牌建设的理论体系与研究方法，提升乡村品牌形象和价值，打造中国乃至全球的超级乡村品牌知识产权。

一个村庄能引入现代营销理念，其认知已远远地走在了时代的前沿。

传统乡村给人的落后印象，是与信息闭塞联系在一起的。因此，如何通过数字化赋能产业联结乡村与消费者，是未来乡村建设中的一个重要课题。数据是未来乡村发展的核心要素之一。数字化的目的是获取数据，进而实现数据运营，真

▲ 数字乡村余村系统

正将物理乡村"形而上"，使其成为未来乡村。

在余村，数字化水平到了让人不可思议的程度。这里已经实现"一张图"管遍村中大小事。一张图，就是指数字乡村余村系统。全村道路、房屋、公共设施等建筑分布乃至村民信息等，都能通过一张地图真实还原。该系统同时集成原有的环境监测平台、垃圾分类处理平台、旅游接待中心、停车场系统等多个分散系统，统一管理，让数字化深度融入村庄治理。

从这张图上可以看到，智慧应用无处不在：村头的负氧离子检测屏实时显示全村的负氧离子含量；村村看·三务公开平台让老百姓在家就能看到村务信息；村民有任何建议，可以通过村情直通车提交到数字乡村平台，指挥中心会派给网格员，网格员则通过手机 App 接收处理。

更为贴心的是，智慧化系统为百姓提供了细节服务。智慧养老服务中心、健康小屋、家用电器声控、体验 5G 网络直播等系列公益项目，均已在余村落地生根。在生产管理层面，余村还建成了一整套智慧农业系统，涉及物联网、装备、设施和系统集成示范应用，覆盖了五彩水稻、复垦旱粮、茶园等板块。

不仅如此，按照一村一码、一户一码、一物一码的标准，余村试点打造了"两山优品"平台。家家户户都张贴着二维码，游客扫码即可进入平台购买商品，既能看到村民的基本信息，也能实现农产品、手工艺品的出品溯源。乡村购物的透明度让游客放心下单，保证货真价实。

在旅游管理上，余村的大数据管理系统也十分强大，依靠数据分析，可以为即将到来的旅游客流基数做足准备，实现优质有序接待。

数字化改变了余村的管理方式、旅游方式、消费方式，提升了消费者的体验感，也改变了余村人的生产和生活模式。其意义不仅在于完善基层治理，更在于用大数据赋能乡村振兴，实现民安民富齐头并进。

组团式发展、品牌化经营、数字化赋能让我们看到，余村以及大余村正以更人文、更智慧也更具科技感的面貌向人们走来。

余村，未来已来。

6. 赴一场青山绿水之约吧

这几年，山青了，水绿了，游客来了，村民富了。

但在余村人的心中，未来远不止于此。

2022年7月，"余村全球合伙人"计划推出，诚邀全球人才参与乡村共同富裕现代化基本单元建设，共创共建美好大余村。

这个计划的口号是"'余'你一起，探索另一种可能"。

招募令的广告词很优美，相当煽情：

常年置身于城市之中，你是否会时常想念溪水潺潺的宁静，风吹麦田、燕过山林的自由？从缤纷城市走到绿色乡野，写好乡村振兴故事，新筑人生，重启理想，余村邀你一起来干一番创新事业！

在鸟鸣中苏醒，在青山里呼吸，感受乡村的悠闲，也享受智慧化的服务。遇见志同道合的伙伴，探索人生的另一种可能，实现自己的热爱，也担当时代的使命。余村和你都想知道，我们是否都有另一种可能？

未来，余村等你来共创！

这样的文字，确实让人热血沸腾。计划一经推出，就受到社会各界广泛关注。余村一时门庭若市，各领域的年轻人响应十分积极。

"余村全球合伙人"的宗旨，是寻访、联合全球各类创新创业人才、机构、企业，开展乡村共建事业，在绿色发展、共同富裕的愿景下，共创共建共享发展成果，共同实现合伙人的人生事业梦和未来乡村振兴梦。

"余村全球合伙人"的定义很清晰。能够成为"合伙人"的，多半是某个领域的翘楚，包括研学教育、乡村旅游、文化创意、农林产业、数字经济、绿色金融、零碳科技、健康医疗等八大类机构或人才。

这与急功近利、追求短期经济效益的态度不同，政府以开放、自由、包容的

▲余村全球合伙人

▲ 余村全球合伙人

姿态，与年轻人探讨创建绿色低碳共富的未来乡村新模式。

与此同时，大余村准备好了空间、政策、平台，迎接各类合伙人的到来。

村口的小房子，后巷的小院子，关停的旧厂房，荒废的老学校，花海边，竹林下，荷塘旁，还有无边的稻田里……5000平方米的村舍，467万平方米的村域，10万平方米的创业空间，为合伙人提供了广阔天地，任由创想。

来大余村的人才，可享受安吉的就业创业政策扶持。政府提供场地补贴、金融支持、导师帮带等服务，首期产业发展基金就达1亿元。安吉还为合伙人提供优质的生活保障，包括住房安居、子女入学、优诊优疗等服务，并将在3年内建成3000套人才公寓，合伙人可享受安吉全县共享产权房政策福利。

所有的合伙人都可以共享余村的品牌知识产权资源和千万级的游客流，实现大余村景区资源联通，构建精英合伙人平台，共享互助创业氛围。

从经营山水到经营人才，余村又登上了新的蝶变之阶。

未来乡村很美好，但也存在一定的不可知。余村打出了这样一套组合拳，其目的就是探索未来乡村的真谛，构建未来乡村的余村范本。

由一个乡村发起这样高大上的计划，恐怕也只有余村人有这样的魄力。以"余村全球合伙人"计划延揽天下英才，一起打造未来乡村，推动大余村在浙江共同富裕现代化基本单元建设中独领风骚，这确实是一次大手笔。

乡村振兴，人才是关键。"余村全球合伙人"计划就是为拓宽乡村人才招引渠道而探索的市场化引才新机制。向全球招募合伙人，意味着能实现人才、资源、资本等要素的高度聚集融合，吸引更多懂经营、善运营的人才来到乡村，释放乡村活力，整合各类资源，优化乡村业态布局。

乡村振兴是一个有机更新的过程，其根本出路是改变农村原有的相对落后的生产方式。余村的方式，就是在充分尊重自然环境和乡土文化的基础上，植入新理念、新业态，吸引文化艺术工作者以及社会工作者"上山下乡"，使原先以血缘、地缘集合的传统乡村社会悄然改变，成为以趣缘、业缘为主体的新乡村，更

▲ "余村全球合伙人"候选者路演

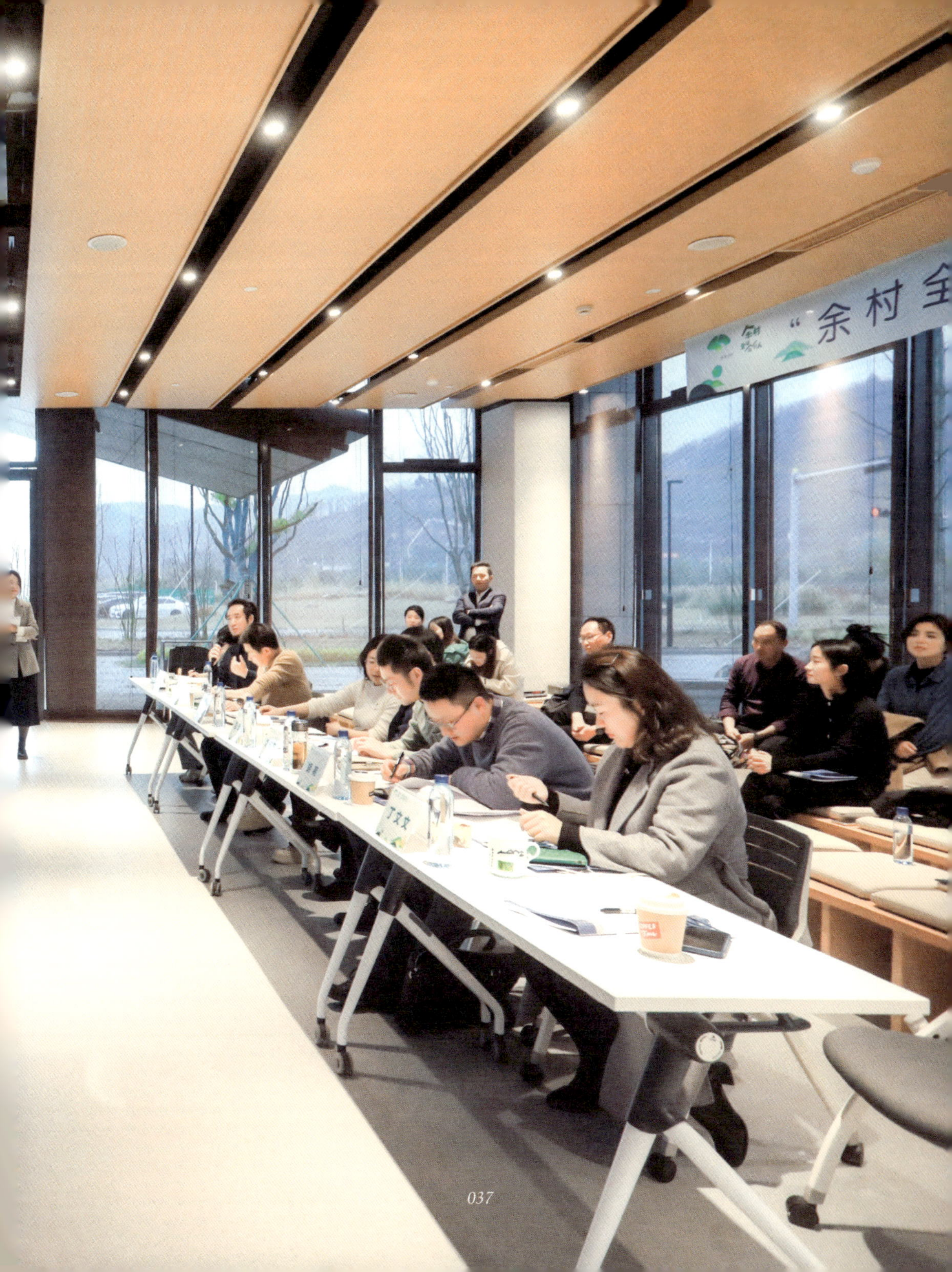
"余村全

适合现代和未来的生产生活。

在这种模式下，招商本质上不是单纯引入商家，而是商业模式与乡村资源互相匹配的过程，其精髓是不同类型的业态可以"一起玩"。政府不再是甲方，而是担任桥梁的角色，以舒适的温度协助创业者打造新的商业模式。

合伙人全部采取"两入股三收益"的合作模式。即大余村强村公司通过资产、资源入股，投资合伙人的项目开发运营，后续按照股金、租金、薪金"三收益"计算分红，实现与村集体共享收益，探索共富乡村样板。

余村所追求的，就是成为适合全球年轻人安居创业的乡村。年轻人重回乡村，不是追求生活的终点，而是为了寻找未来的起点。

2022年8月，"余村全球合伙人"梦想启动会顺利举行。浙江大学继续教育学院、中国建筑科学研究院、中国太平洋财产保险股份有限公司浙江分公司、绿城中国控股有限公司、浙江云上草原旅游发展有限公司、景尚旅业集团等多家单位，正式成为首批"余村全球合伙人"。

一个月后，又有一批研学教育类项目的"余村全球合伙人"候选者，在余村文化礼堂举行公开路演。各团队充分展示自己的合伙计划，接受专家评审。

来自浙江大学的朱娅女士设想将机器人研究成果与青年研学相结合，在余村发展新型科普实践教育基地；澹雅设计负责人贾凌冰从孩子们的自然文化教育切入，希望通过深挖当地民俗特色文化，形成特色研学课程……一个个路演方案都诠释着余村在乡村振兴方面的无限潜力和美好场景。

根据路演情况，项目专家组对意向合伙人进行了一对一沟通，并根据大余村现阶段产业发展的适配性，确定先行落地的合伙方，同时，将其他未入选的意向合伙人纳入人才库，探寻后续合作机会。

艾奇奖国际数字创新组织作为全球首个专注于促进数字经济创新的非营利性教育组织，拥有27个国家和地区的数字经济领域创新专家和学者资源。这样一个具有全球视野的机构，也成为"余村全球合伙人"之一。艾奇奖国际数字创新组

如此青绿
SUCH A VERDANT GREEN

第一部分 世界，有余村的故事

▲青年共创沙龙

织以"将创新带入生活"为使命，与未来余村绿色可持续发展创新的愿景不谋而合。

此后，"余村全球合伙人"的团队进一步扩大。周末酒店、文益社、原力食品、山系森活等11个团队相继签约成为"余村全球合伙人"；"迷笛音乐""上美影"两大热门知识产权也加入了"余村全球合伙人"计划。

"余村全球合伙人"给大余村带来了新的思维和项目，将多样的产业陆续聚集到村里，同时，也激起本地外出青年的"回流潮"。绿城项目的相关负责人丁文文就是安吉本地人，如今又多了合伙人的身份。返乡创业的胡斌如今也是"余村全球合伙人"之一，他利用自己的专业，成立了乡宿设计工作室，帮助周边村民提升农家乐品质，助推余村旅游产业发展。

年轻人的到来，犹如一剂催化剂，令余村发生了奇妙的化学反应。老房子变身合伙人之家；自然观察员、互联网从业者、鸟类学家、星空爱好者、艺术家、背包客纷纷到来；植物染坊、食物工坊、茶书房、手作体验馆、咖啡馆、面包坊、艺术家工作室等散布在余村的各个角落。新余村人不再将此地当作单纯的观光胜地，而是生活、工作的地方。

未来乡村的意义，在于宜居宜业。

在余村举办的首届"新村民入村礼"上，老村民们端出亲手制作的青团、糕点和粽子欢迎新村民，并为他们佩戴"全球村民"徽章。

这样的仪式有点儿像大西洋的纽芬兰岛，那里的居民欢迎一切从天而降的来客，接受他们成为新岛民。经过一场特别的入岛仪式——亲吻海岛的鳕鱼，并喝下一杯尖叫酒，就获颁证书，成为纽芬兰人。

"全球村民"，多么有希望、有活力的词汇！今日余村，有来自法国、南非、菲律宾、卢森堡、新西兰、韩国等国家的年轻人，俨然一个小小的"联合国"。不同国家的人融入这片充满活力的土地，共同挥洒着汗水与青春。

来自巴基斯坦的阿布杜尔·贾巴尔博士也是"余村全球合伙人"之一。他从浙江大学毕业后，就一路直奔余村，成为闯进这个山村的第一位"全球村民"。

入村后，他通过互联网向国外民众介绍中国余村，招募各国的人才来余村发展，为中巴之间的合作交流牵线搭桥。

而生于斯长于斯的余村人从未像今天这样对生活充满信心。来自全球的新余村人，和他们一起重构与这片土地的联系。这一次，不是简单的劳作和收获，而是一种更为持久、可期待的愿景。

"客路青山外，行舟绿水前。"生活在青山绿水间，一直是中国人的理想。乡村虽然没有城市便利，但那一方水土充满着诗意和生机。山水相望，邻里相亲，人业相长，这就是中国式未来乡村该有的样子。

在余村全球合伙人与知乎青年的一次"围炉话乡村"活动上，数字乡村产业发展联盟副秘书长高熠说："不是乡村需要我们，是我们需要乡村，乡村有着不可替代的价值，让城市的价值和乡村的价值相互流动。"

或许正是这个原因，让这群看过世界的年轻人带着共同的生活理念，来到这个小村庄，奔赴一场绿水青山之约。

▲青年在村

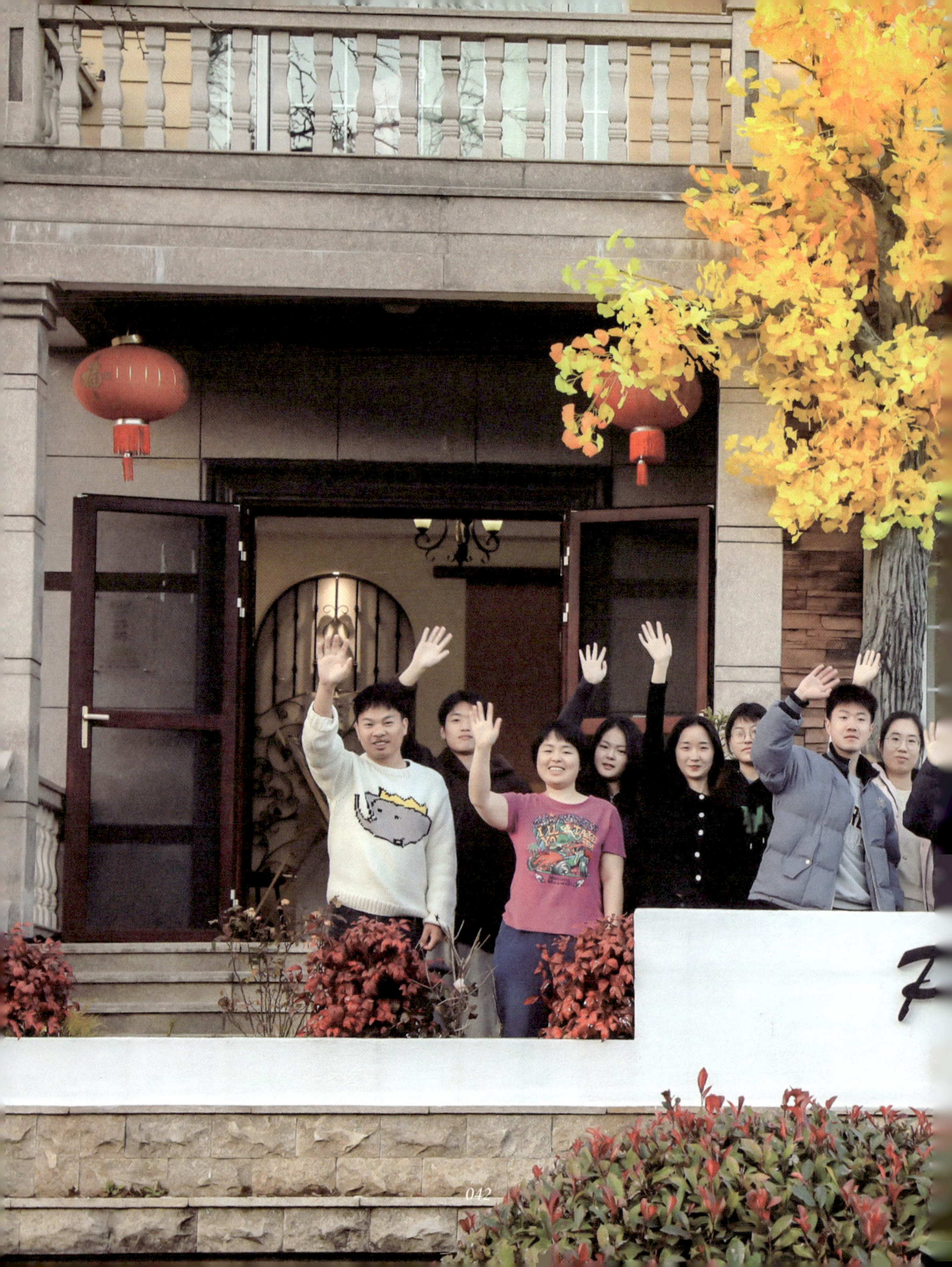

▲ 大余村合伙人之家

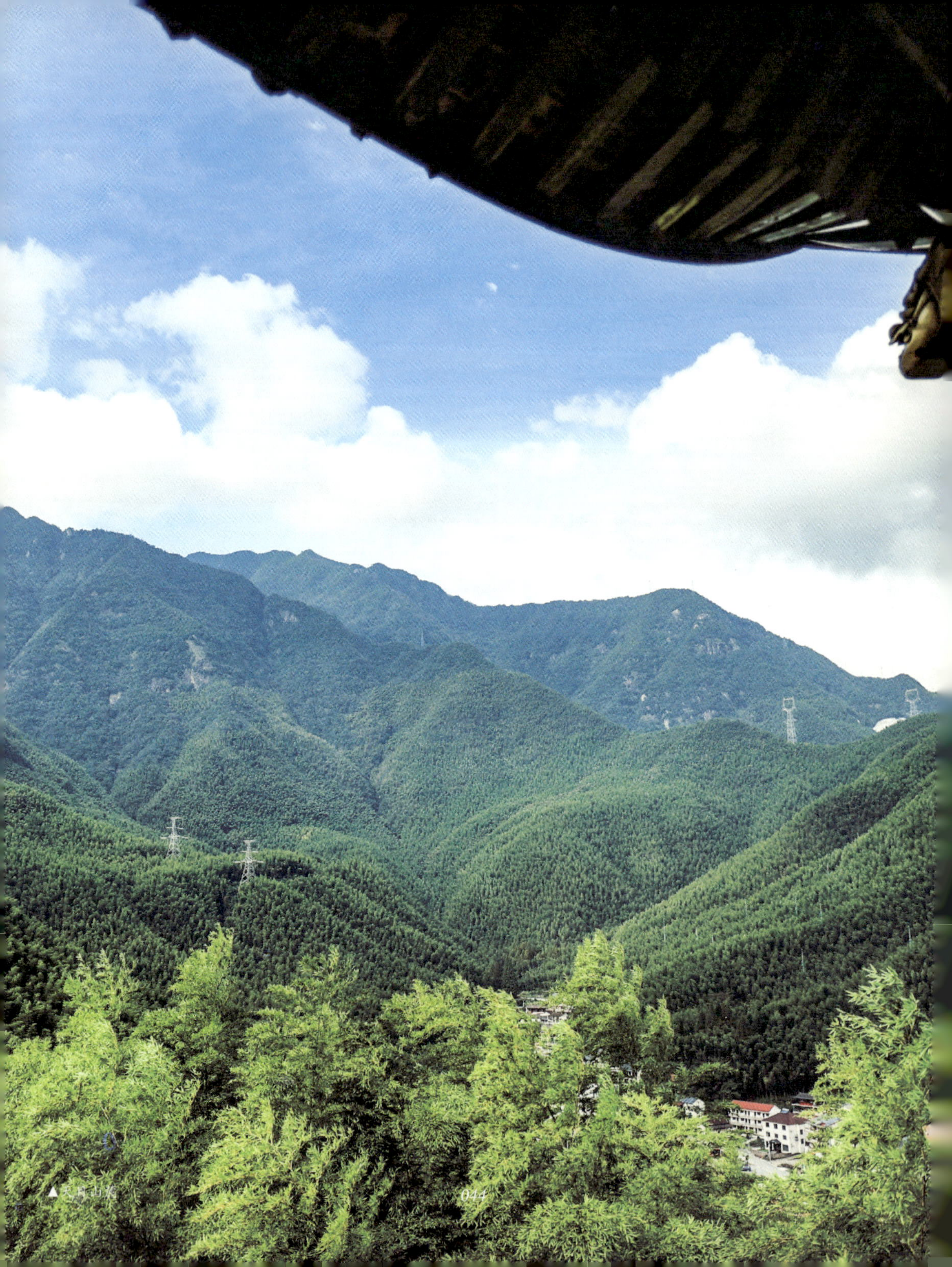

第二部分
PART TWO
观山看水，读云听禅

晚唐诗人周朴有一首《董岭水》诗，写的是安吉景色：

湖州安吉县，门与白云齐。
禹力不到处，河声流向西。
去衙山色远，近水月光低。
中有高人在，沙中曳杖藜。

安吉山水之大美，自不必多说。下属天荒坪镇的余村也同样如此，这片土地能够实现今日之蝶变，与它天然的禀赋有关。

余村的山水古老而美丽。天目山峰峦叠嶂，西苕溪九曲回肠，都让这片土地变得灵动清雅。更难得的是，这里离上海、苏州、杭州等城市均在2小时车程之内。周末时，告别都市的喧嚣，来余村呼吸新鲜空气，十分方便。

伊犁的草原，哈尔滨的冰雪，泰山的日出，庐山的云雾，丽江的流水……或许因为一个景，你能记住一座城，余村也是如此。

无论哪一天，你都可以来余村观山、看水、读云、听禅。

1. 竹海与《卧虎藏龙》

电影《卧虎藏龙》，是一代人的记忆。

时隔多年，其中的故事情节或许已经忘了，但玉娇龙和李慕白在竹林之巅的打斗场景，却深深印刻在许多人的脑海之中。

▲ 中国大竹海

那片竹林，就在大余村的中国大竹海景区内。

尽管《卧虎藏龙》在20多年前上映，但人们依然记得衣袂飘飘的玉娇龙凌空飞驰，如蜻蜓点水一般穿梭在竹林之上。李慕白身形飘逸，穷追不舍。在满山苍翠间，云雾萦绕，两个白衣人如同仙人现世。双剑相交，一招一式与风中摇曳的竹刚柔并济。那场景，看得人血脉偾张，直叫过瘾。

2001年，《卧虎藏龙》获得第73届奥斯卡金像奖最佳外语片奖，导演李安，主演周润发、章子怡都获得了极高赞誉，连同安吉这片大竹海，也因此一夜成名。

《卧虎藏龙》开拍之前，李安导演到杭州，想选一片竹林做外景地。看了几处之后，都觉得不尽如人意。这时，助理拿来一首诗，是诗人雁远描写安吉大竹海的作品，其中有一句："那一片竹海，就在西湖边。"

李安顿时眼睛一亮。西湖边的竹海，那不远呀，去看看吧。结果车子哐当哐当开了两个多小时才到安吉。李安导演一脸茫然：这也算在西湖边？

不过，路途虽然不近，这片大竹海真是令李安导演满意。他站在高处，手搭凉棚，举目四顾，眼前的万顷竹海，不正是心中的场景吗？离开时，他撂下一句"OK"，对于雁远略带夸张的诗句，他也忽略不计了。

1999年10月18日，《卧虎藏龙》在安吉开拍。

在李安导演构建的武侠世界中，很少有血肉横飞的江湖豪气。之所以选择这片竹海，在于他想表达的是江湖人文中的深沉和含蓄。在奥斯卡金像奖领奖台上，李安导演说："青山涤我目，流水悦我耳，树影引我思，马语动我心。是安吉的秀丽山水让《卧虎藏龙》登上了奥斯卡的领奖台！"

江南的山野，漫山的竹海并不少见，但能被称为"中国大竹海"，成为AAAA级景区，再成为奥斯卡金像奖影片的外景地的，唯安吉竹海而已。大竹海的入口处，一块刻着"卧虎藏龙"四个大字的石碑，记录着这片竹海的荣耀。

安吉地处亚热带北缘，土壤和气候为毛竹提供了良好的生存环境。在超过万亩的中国大竹海内，竹子高大挺拔，形态千奇百怪。其中最大的一株，周径半米多，高度近13米，重约65千克，被称为"中国竹王"。

大竹海是清幽之地，一入其中，自有一份柔静。漫步在竹径上，竹叶轻轻拂面，伴着淡淡的竹香，心境顿然飘逸。向远处看，翠色成海，风吹竹涌，风止竹静，便会生出许多禅悟来。这时候，特别能理解苏东坡"宁可食无肉，不可居无竹。无肉令人瘦，无竹令人俗"的笔意了。

东坡公曾任湖州知府，安吉为湖州属地，安吉之竹即湖州之竹。遥想当年，在安吉的竹海之中，定曾留下他的印迹。

大竹海成为景区后，增加了不少人造景点。所幸的是，这些人造景观嵌入大竹海之中，并没有突兀之感。否则东坡有灵，要怪后人暴殄天物了。

▲ 中岭大竹海

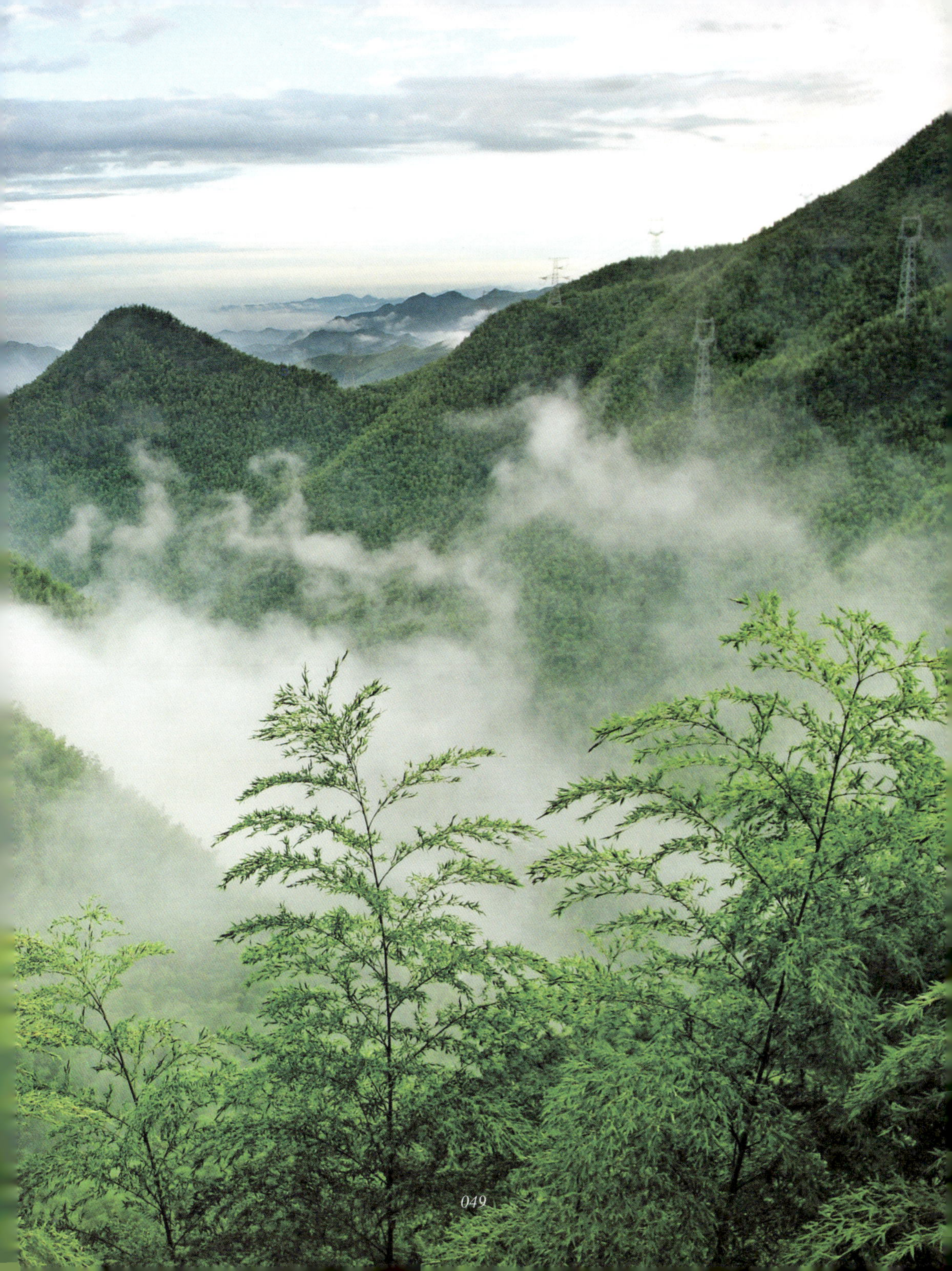

几里长的竹长廊是必游之地。游人行走其上，吱吱呀呀，十分悠闲。长廊分段造型，寓意不同。四角廊寓意四季平安，四平八稳；六角廊寓意六六大顺，财运畅达；紫气东来悬空廊两侧种有紫竹，寓意潇洒飘逸，仙风道骨……当地村民娶媳妇时，新郎就是用紫竹做成的杖杆来挑起新娘的喜帕，据说这可让家族紫气东来，多福多财。

　　竹海中有座咏竹亭，据说是为仙人所建。相传守护竹海的有五位仙女，分别叫作冰、清、玉、洁、秀（其实就是竹子的各种特质）。在春季出笋的时候，仙女们轮流看守，以免野兽破坏。村里的人们知道竹林有仙女护佑，十分感激，就在这里搭建了亭子，让仙女们"值班"时可以休息。去亭中小坐，呼吸着山中新鲜空气，静听竹海的涛声，思绪与远去的仙踪对话。

　　大竹海中有一湖，称"五女湖"，来源也和那五位叫冰、清、玉、洁、秀的仙女有关。相传某年，仙女们预知安吉将要大旱，为拯救竹山以及当地民众，便动用法力，在此处挖大湖储水，保一方风调雨顺。

　　与五女湖贯通的，有解恙泉、孝子泉、惜缘泉、问子泉、五女泉等五口泉眼，也为仙家所化。其中解恙泉之水可去病消灾；孝子泉之水可增孝顺之心；惜缘泉之水可增添缘分；问子泉之水可助早生贵子；五女泉是四小泉源头，泉水包治百病。事实上，这里的泉水来自大竹海的地下，含对人体有益的多种矿物质，碧清纯正，清澈甘洌，毫无污染，且冬暖夏凉，饮之确实可强身健体。

　　观竹楼位于大竹海最高点，登高能看尽漫山遍野的竹。所有起伏的山峦都被碧波覆盖，清风过处，竹浪此起彼伏，令人心旷神怡。

　　无边无际的大海，总是让人心潮澎湃。而安吉的"海"，是生在山野中的"海"。这"海"同样无边无际，绿浪翻滚，格外壮观。

　　"川原五十里，修竹半其间"，入安吉境，漫山遍野的翠竹便迎面扑来，连空气中都弥漫着清香。风过处，竹枝如千百万迎宾的佳丽向你微笑挥手。山连山，竹连竹，满目碧绿，就像一幅层层叠叠的青绿长卷，令人目不暇接。

在方圆 1886 平方千米的地域内，安吉竹林面积超百万亩，蓄积了 1.4 亿枝毛竹。随处生长的翠竹，是安吉最直观的样貌。

安吉的竹子，长在山上是景，埋在土里也是金，砍下山后更是宝，变成了能吃、能喝、能玩、能乐、能穿、能居的绿色产品。

在安吉，四季不乏笋味，餐餐不离笋香。笋中有一种叫亚斯颇拉金的白色含氮物质，它与各种肉类烹调后能释放出独特的鲜味。尤其是春天，笋宴是安吉人招待来客的最高礼遇。

安吉的立竹量、商品竹年产值、竹业年产值、竹制品出口总额和竹业综合实力均位居全国第一，竹产业发明专利超过 1 万项。其竹产品之丰富多彩，达到"以竹乱木""以竹乱棉"的程度。在 G20 杭州峰会上，所有家具、办公用品均为安吉竹制品，

▲竹海巨竹

甚至房间里的浴巾、浴衣也是用安吉竹纤维织成。

你听过江南丝竹的婉转，但未必听过安吉竹乐的空灵。那是一种近乎天籁的声音：激越的鼓点声来自竹蒸笼碰撞，热烈的音浪声源于竹匾和豆子的摩擦，欢快的旋律是竹筒的排列组合……这些最常见的农家工具，在安吉艺人的手里能演奏出超乎想象的交响曲。一旦耳闻，便无法忘怀。

节日来临的时候，安吉以竹叶为龙。伴随着昂扬的鼓点，竹叶龙从万顷竹海中飞奔而出，形变龙不停，龙飞人亦舞，把快乐送给所有的游人。

安吉人引以为傲的书画界一代宗师吴昌硕，传承了湖州竹派的风骨，把中国文人赋予竹子的虚心向上、高风亮节的精神风范表现得淋漓尽致。吴昌硕的每一幅竹画，都钤上"安吉昌硕"印章，以表达对家乡的思念。

竹，是安吉大地的衣裳；竹，也是安吉人的灵魂。

▲ 安吉竹叶龙

2. 天下银坑，《夜宴》开始的地方

天下银坑之所以知名，和电影《夜宴》有关。片中有近一半的镜头，都是在大余村的天下银坑景点拍摄完成的。

《夜宴》是一部由冯小刚执导，章子怡、葛优、周迅、吴彦祖等主演的动作电影。片名源自五代时画家顾闳中的《韩熙载夜宴图》，而剧情简直就是莎士比亚名剧《哈姆雷特》的翻版。

《夜宴》剧组进驻安吉拍摄是在 2005 年。摄制组在天荒坪镇的天下银坑景区搭建了一座造型独特的吴越艺馆，据说光是竹子就用了 180 多吨。吴越艺馆的正面，是一条高 30 米、长 60 米的天桥。远远看去，天桥如瀑布般一泻千里。从设计上说，它起到破圆填空的作用，视觉冲击力极大。

这座竹天桥在电影中多次亮相。《夜宴》开场，就是一望无际的竹海，镜头移动到这座弧形长桥上，戴着面具的太子和一群白衣艺人同舞。其中最精彩的场景，是杀手们和太子在桥上的打斗戏，惊心动魄。

起初为了选址，导演冯小刚曾带人辗转多地，连拍摄《十面埋伏》的四川大竹海都去了，却一直不满意。巧的是，当时担任美术指导的叶锦添也是《卧虎藏龙》的美术指导，他对安吉的大竹海印象极深，便建议冯小刚到浙江看看。《夜宴》最终将取景地定在了天下银坑景区。

《夜宴》获得第 63 届威尼斯国际电影节未来电影数字奖，入围第 79 届奥斯卡金像奖最佳外语片奖，同时入围第 31 届多伦多国际电影节竞赛单元，可谓收获满满，而天下银坑也因此"出圈"。

天下银坑成就了《夜宴》，《夜宴》也成就了天下银坑。电影摄制完成后，那座充满着灵气的吴越艺馆，连同当时的部分道具、服装一并被留下来，成为天下银坑景区的标志，也是游人必到的游赏之地。

天下银坑也称"战场山"，名字听起来有点儿怪，但回溯到 800 年前的南宋

▲韩熙载夜宴图

▲银坑村电影

时期，这里真的和银子、战场等有关。

靖康之耻后，宋王朝南迁，最后定都临安（今杭州）。其时战乱未定，政府处境非常困难，但国计民生需正常运转，为了充实国库，保证货币流通，南宋"财政部"在安吉的茫茫大竹海里建立了临时的"铸币局"，架起炼银炉开始炼银，同时将国库剩余的银两藏匿于附近山洞之中。

宋代管铸币的机构叫"钱监"，铸钱工匠被称作役卒，采用军事化管理。役卒的来源，除了从民间招募的有特长的工匠，绝大部分由犯人充役。他们虽然也算军士，但并没有实际战斗力。

有一天，役卒们正在炼银铸钱，闻讯而来的金兵追寻至此，双方发生了战斗。役卒们惊慌失措，四散逃窜，许多炼银的炉子都被打翻了，白花花的银水顺着山谷流淌，形成一条"银沟"。银坑、战场山因此得名。

山中确存有一个大坑，坑内石头如银白，似乎印证了上述说法。数百年前的战火已平息，斗转星移，后人置身其中，追忆往事，心潮起伏不已。

在银坑的山谷中，另有两个神秘的石洞，当地人称为"银洞"，即南宋王庭藏匿银两的地方，村民的祖辈曾在此挖到过银两。

"银坑万顷竹似海，千古奇绝战场山"，这的确是一个有故事的地方。

天下银坑景区离余村不远，包括竹海俯瞰区、奇竹观赏区、峡谷恋石区、仙子赐茶区、生态影视区等五个板块，总面积约1200公顷。

景区中有一座竹楼，高15米，有7层，共63个台阶，站在上面可以一览大竹海的全景，这就是竹海俯瞰区了。晴天登高，一览无际，万顷竹海，尽收眼底；雨天上楼，云雾缭绕，恍似立于天宫，像仙人一般。

在奇竹观赏区，可看到一些奇怪的毛竹，如竹节上有花的毛竹，两棵绕成8字形的发财竹、三口之家竹、情侣相拥竹、三国鼎立竹等。有些是天然形成的畸形竹，有些是人工造景的竹子。奇竹造景，充满奇思妙想。

峡谷恋石区可观赏奇石。4.5亿年前的寒武纪，安吉一带属于边缘海，震旦纪后受桐湾运动影响，地壳上升，海水退去，留下了现在看到的残留海盆，多产奇石。景区内有一片石海岩涛，可看到当年被海水冲刷过的痕迹。岩石上一些三叶虫、软石螺和蠕虫等古生物化石清晰可见。

这些地质生物学的东西似乎过于深奥，导游总把石海岩涛形象地称为"双龙戏珠石"，并带着游客指指点点："你看你看，左边这条是雄龙，龙体黝黑雄壮；右边这条就是雌龙，龙体五彩斑斓，艳丽异常。两龙之间又有一巨蚌，相传蚌中藏有珍珠。"诸如此类，逗人一乐，开心一游。

仙子赐茶区也称"白茶公园"，里面有奶白茶、铁观音、龙井、黄芩以及白茶等五个不同茶种。茶园前面立着九根盘龙石柱，颇能彰显皇家气象，想必是为了纪念南宋王朝曾在此开炉铸币的历史。

至于生态影视区，便是《夜宴》的拍摄地了。《夜宴》之后，这里陆续迎来更多影视团队，有《功夫之王》《白蛇传说》《蜗居》《越王勾践》《心中有鬼》等，其中不乏大众熟知的作品。漫步其间，于某个转角便邂逅一部影视作品，品读一段过往的记忆，仿佛跨越时空，自己也入了戏。

▲吴越艺馆

3. 江南天池与长龙山：高山出平湖

每次站在江南天池边，便会想起庄子的《逍遥游》："北冥有鱼，其名为鲲。鲲之大，不知其几千里也。化而为鸟，其名为鹏。鹏之背，不知其几千里也；怒而飞，其翼若垂天之云。是鸟也，海运则将徙于南冥。南冥者，天池也。"

庄子笔下的"天池"，是指南方的大海。但此处的一汪湖水，藏在江南的高山之上，横在天目群山的峰巅之间，仿佛"离天三尺三"。如此开阔，又如此隐秘，称它为"天池"，不是更为恰当吗？

在天荒坪的山顶上，江南天池镶嵌于群山环抱之中。清晨或傍晚时，滚滚云雾从天际涌来，缭绕山顶，日光穿透烟霞，散落于水面之上，幻化出一幅天上宫阙倒映的图景。那气象，确实是文字无法形容的。若是善男信女见此奇观，定会匍匐膜拜，大呼佛号。

山顶四周没有溪流与涧水汇集，天池的水来自人工蓄积。池底部与尘壤隔绝，因此也没有水生植物的根系干扰。几十米的水深，每天自动循环，湖中的水质特别清透，宛如一颗明澈纯净的钻石，透着微蓝的光芒。

天池的周边是一条游道，长 2.47 千米，可步行或骑车。漫行于此，恰如拜伦所说的，"有着沉思所需要的养料和空气"。在秋日傍晚，最适合看远处群山叠嶂，看池水被晚霞点染，从自然一隅中发现生命的赞歌。

冬季的天荒坪也十分热闹。因为山高积雪，这里有江南地区为数不多的滑雪场，高山之巅的银装素裹倾倒了众多冰雪爱好者。

准确地说，江南天池是天荒坪抽水蓄能水电站的上游水库，海拔 900 多米。因为景色秀美，很容易让人忘记它是一座工业设施，人们更愿意用神秘感十足的江南天池代称，它也因此成为一个国家 AAAA 级景区。

天荒坪是安吉境内的一座山峰，属天目山系的余脉。余村所在的天荒坪镇，就是以山为名。江南天池，就是利用天荒坪和搁天岭两座山峰间的千亩洼地，开

▲ 江南天池

059

挖填筑而成，形成了"高峡出平湖"的景观。

天荒坪原来另有名称，叫"天皇坪"。当地人说，因为此处景色别致，玉皇大帝思凡时便会下来游览。村人俚语，久而久之，慢慢叫成了"天荒坪"。

与"天"相关，多少会生出些神奇的传说来。其中一则，便是关于爱情的"少年遇仙记"，这个故事也成为"天荒地老"一词的注脚。

话说唐代，此山脚下有观音堂村，村中有个叫天荒的少年。某年，他的母亲卧病久久不愈，天荒便上山采药侍奉娘亲。至山顶，只觉云雾缭绕，如入仙境，但他总是找不到药草。正焦急间，忽听有女子呼唤："此有仙草，即来取之。"天荒循声而去，见一美貌女子手持草药，站在大石之旁。女子称自己是玉帝之女，名叫地老，有感于少年的孝心，愿意与他结为百年之好，侍奉婆婆。

少年喜出望外，便带着仙女回家。母亲喝了仙药后，身体很快康复，一凡一仙也如愿结为夫妻，十分恩爱。此后"天荒地老"传为千古佳话。

后人在山顶立有天荒地老石一块，纪念少年遇仙之处。

▲ 天荒地老石

尽管谁都知道这个故事中的水分，但中国人向来对吉祥美好的事物没有抵抗力。因为"天荒地老"四字，无数恋爱中的男女来到这高山之巅，发下了"此生长相伴"的誓言，成为一生中最美好的记忆。

天荒坪抽水蓄能电站主要由上、下两个水库组成，落差达607米，建成之初，是当时世界上落差水位最高的电站，也是世界第二大的抽水蓄能电站。

抽水蓄能电站是绿色能源工程，它利用电力负荷低谷时的电能抽水至上水库，在电力负荷高峰期再放水至下水库进行发电。它可将电网负荷低时的多余电能转变为电网高峰时期的高价值电能。

世界上第一座抽水蓄能电站于 1882 年在瑞士苏黎世诞生，中国在这一领域起步较晚，但发展很快。天荒坪电站是继华北十三陵、华南广州之后我国第三座抽水蓄能电站。该电站装机容量达 180 万千瓦，2000 年全部建成投产以来，对华东电网的安全稳定运行发挥了不可替代的作用。

　　除水库外，电站还有输水系统、厂房和中控楼等部分。其中输水系统和厂房均设在地下洞室群中，称为天宫能洞。下水库又名龙潭湖，系横截山溪而成。整个工程雄伟壮观，堪称"世纪之作"。

　　在天荒坪电站之后，安吉又建成了另一座更为宏大的抽水蓄能电站。

　　2022 年 6 月，在天荒坪附近的长龙山抽水蓄能电站全部机组正式投产发电。它与天荒坪电站遥相呼应，成为两朵绿色能源的"姐妹花"。

　　长龙山电站总装机规模 210 万千瓦，有效落差高达 710 米，目前位居中国第一，世界第二。它承担着整个华东电网的调峰填谷功能，是名副其实的大"充电宝"，在促进清洁能源开发利用和能源结构调整方面具有重要意义。

　　长龙山电站属于高水头、高转速、大容量的抽水蓄能电站，据说工程特性指标创造了 3 项世界第一，4 项国内第一。不过这些指标过于专业，一般人也看不懂，在此略去不提。但有一点令安吉人特别自豪：自长龙山电站建成后，安吉境内抽水蓄能电站总装机规模达到 390 万千瓦，暂居世界第一。

　　层峦叠嶂，碧水迎天，以抽水蓄能为主体的新型电力系统已覆盖安吉大地，这是"绿水青山就是金山银山"理念转化的又一例证。更令人欣喜的是，在不久的将来，长龙山电站或许能与江南天池一样成为旅游热点。

　　那时，该给它取个什么名字？是"天目龙渊"还是"长龙天眼"？

▲ 长龙山下水库

▲ 长龙山上水库

062

4. 云上草原，云端的青春激扬

　　天目山脉的第一高峰为龙王山，第二高峰叫赤豆洋。能够把一座山峰起名为"洋"，说明峰顶有较为开阔的地带。正是如此，安吉的云上草原景区，便在海拔 1168 米的赤豆洋主峰周边。

　　云上草原，一个非常有意境的名字，似乎一下子就勾勒出景区的特色。事实上，这里确实是浙北地区最高的高山旅游度假区。在千米巅峰的怀抱里，中间有一片广阔的天然草原，四周群山连绵，山腰上常常有云雾缭绕，这时就仿佛是置身云端之上——云上草原，是不是很贴切？

　　"云上一天，草原四季"，云上草原地处北纬 30°线上。这条神秘纬线穿越的区域，有很多奇妙的自然景观，同样也造就了这一带的独特风光。景区的年平均气温 14.7°C，山脚下还是炎炎夏日，山顶上却是凉爽清风，体感非常舒适。这里春可赏花，夏可避暑，秋可登山，冬可滑雪，打造了高山悬崖游乐、星空滑雪、野奢酒店群三大内核板块及民宿、温泉度假等配套项目。高山独特的美景，完全颠覆了人们对江南地理的想象。

　　云上草原的游客中心位于安吉山川乡高家堂村，距离江浙沪主要城市均在 3 小时车程以内。云山境索道是上山的唯一方式。游客集结后，从游客中心至索道缆车出发点，需要换乘观光车，车程大概 10 分钟。车过盘山公路，沿途是竹海风光，空气清新，满眼的翠绿非常养眼。

　　这条索道垂直落差 754 米，总长 2300 米。因为缆车数量有限，节假日需要排队等待。缆车四个车厢为一组，全程 20 分钟。随着缆车上升，脚下的景物慢慢变小，人在半空，心情开始飞翔。不过，这种脉动式的索道会在中途减速三次，交替之间，增添了不少的紧张和乐趣。

　　缆车到达山顶之后，可以看到景区的官方导览图。一般来说都是先前往悬崖乐园游玩，再前往无动力滑草乐园，然后再选择其他景点。

悬崖乐园的所有项目均为户外极限挑战项目，在山林云海间玩转你的心跳。以索道站为基点，从远至近依次是云书房、云海栈桥、悬崖秋千、凌空飞步、水晶廊桥、滑翔伞基地等。不少年轻人专门来这里拍照，毕竟一地就能集齐所有惊险，这样的场所不多。

最刺激的当数悬崖秋千。有人说，玩过这里的大秋千，才知道什么叫命悬一线。秋千临崖而建，一共有4部，高度分别是4米、6米、8米、10米。看着秋千一摇一摆，飞荡在悬崖之上，十分刺激。其实这个项目非常安全，有多项保护措施，利用电磁原理将秋千拉至最高点，突然急速下降，惊险处你会忍不住喊出声来。身体飞出去的一瞬间，山是你的，风是你的，云也是你的。

在悬崖秋千的后方，是凌空飞步项目。一块块窄窄的踏板横跨在悬崖之间，距离从25厘米到100厘米不等，跳跃、跨步，比比谁能更加顺畅地通过。脚下就是落差几十米的深谷，从上往下望去更是心惊胆战。对于恐高者来说，可能呆立半天都无法克服心中的恐惧。

水晶廊桥与凌空飞步同属一个峡谷之中，全透明廊桥，行走其间可直接踏云破雾，很酷。它的刺激之处在于"深可见底"，眼之所见，是小如蚂蚁的灌木林，能切身感受悬崖之上的高度落差。桥长82米，上桥需要穿上防滑鞋套。行走在廊桥之上，抬头是蓝天白云，低头是万丈深渊，犹如腾云驾雾。只有忍住不住下看，方能勉强行走。

如果你想像小鸟一样自由飞翔，那一定要体验一回滑翔伞。滑翔伞基地位于云上草原的最高处，垂直落差近800米，是十分刺激的项目。这里有国际级滑翔伞教练带你一起飞，所以零经验也无须担心。只要身心放空，张开双臂，纵身一跃便可超越自我！御风而行，驰骋在一望无垠的天空之中，看山野烂漫，拥抱湛蓝的天空。

飞拉达悬崖穿越，是一个让勇者都畏惧三分的项目。穿上防护用的安全绳索，行走在崖壁之间，这是绝壁上的舞蹈。征服峭壁的时候，与云彩对话，享受肾上腺素飙升的快感，恍惚间，觉得自己就是纪录片《黎明墙》的主角。飞檐走壁，

▲ 悬崖飞翔

仿佛武侠小说中的侠客一般。

　　云上草原也有温情的项目，比如云中漫道、玻璃栈道、云海栈桥、风之谷、云书房等。这些项目，最适合带着喜欢的人一起走过，拍照"拗造型"。

　　云中漫道，恰如其名，是整个景区最诗情画意的项目。它悬空于 150 米悬崖之上，是一条 U 形玻璃回廊。周围翠绿的植被爬满山坡，阳光照下来洒满脚下的山谷。从回廊向下俯瞰，是深深的山谷。你只需静心感受山间的风吹拂发梢，嗅着远方带来的草木气息就好。

　　玻璃栈道似乎成了大多数景区的标准配置，云上草原也不例外。因为见得多了，其惊险程度自然减弱。不过，在千米海拔之上，脚踩"万丈深渊"，听着虚拟的踩裂玻璃"咔咔"声响起，行走者双手扶墙、紧贴岩壁，也相当刺激。这时候，很多妹子便会腿软尖叫，当然不排除有人故意撒娇。

　　全长 131.4 米的云海栈桥，蕴含着"一生一世"的美好寓意。走到桥中间，

▲ 云上草原

会摇摇晃晃。山下雾气凝聚升至山顶，犹如置身仙境一般。偶尔有调皮的游客故意大力晃动桥身，加上山风呼啸，也会把人吓得不轻。这时，妹妹便会紧紧地抓住哥哥的手。来这里还能面不改色陪你走完全程的人，是真爱没错了。

云海栈桥边是云书房，一间精致的小屋子矗立在云端。这是一处视野开阔之地，透过玻璃墙面，可以俯瞰整个悬崖乐园。咖啡与书、云海与山，美如画卷。于高空之上喝杯咖啡，看看书，简直就是神仙般的体验。

最环保的景点当数鸟巢观景台。作为高品质的北欧简约风取景地，鸟巢观景台由交错缠绕的树藤编织而成，造型别致，很适合拍照。这里不仅有人，还有鸟类栖息，生态可谓十分宜人。在蓝天白云的映衬下，远处的山、河、路、屋，美不胜收，你可以在此收获别样的心动。

▲玻璃栈道

当然了，云上草原不会忘记孩子们。无动力彩虹滑草、云中部落、绿野迷踪等项目，对孩子们特别友好，最适合亲子游玩。这些项目用"不插电"的游乐方式，打造漫步云端的儿童乐园，让辣妈奶爸们在离天空最近的地方，以全新的方式遛娃，让孩子们体验不一样的玩乐时光。星空大草坪视野开阔，孩子们在这里可以肆意奔跑、随意撒欢，感受大自然的美好。

真人模拟彩弹场地就在彩虹滑道的对面，这个项目也特别适合亲子或者朋友多人一起参与。穿上作战服，戴上护目镜，"真枪水弹"实地开战。掩护、冲锋、射击、侦察，在各个掩体的周围闪避腾挪，来一场充满欢乐的"战争"，这可比打虚拟的网络游戏有趣多了。

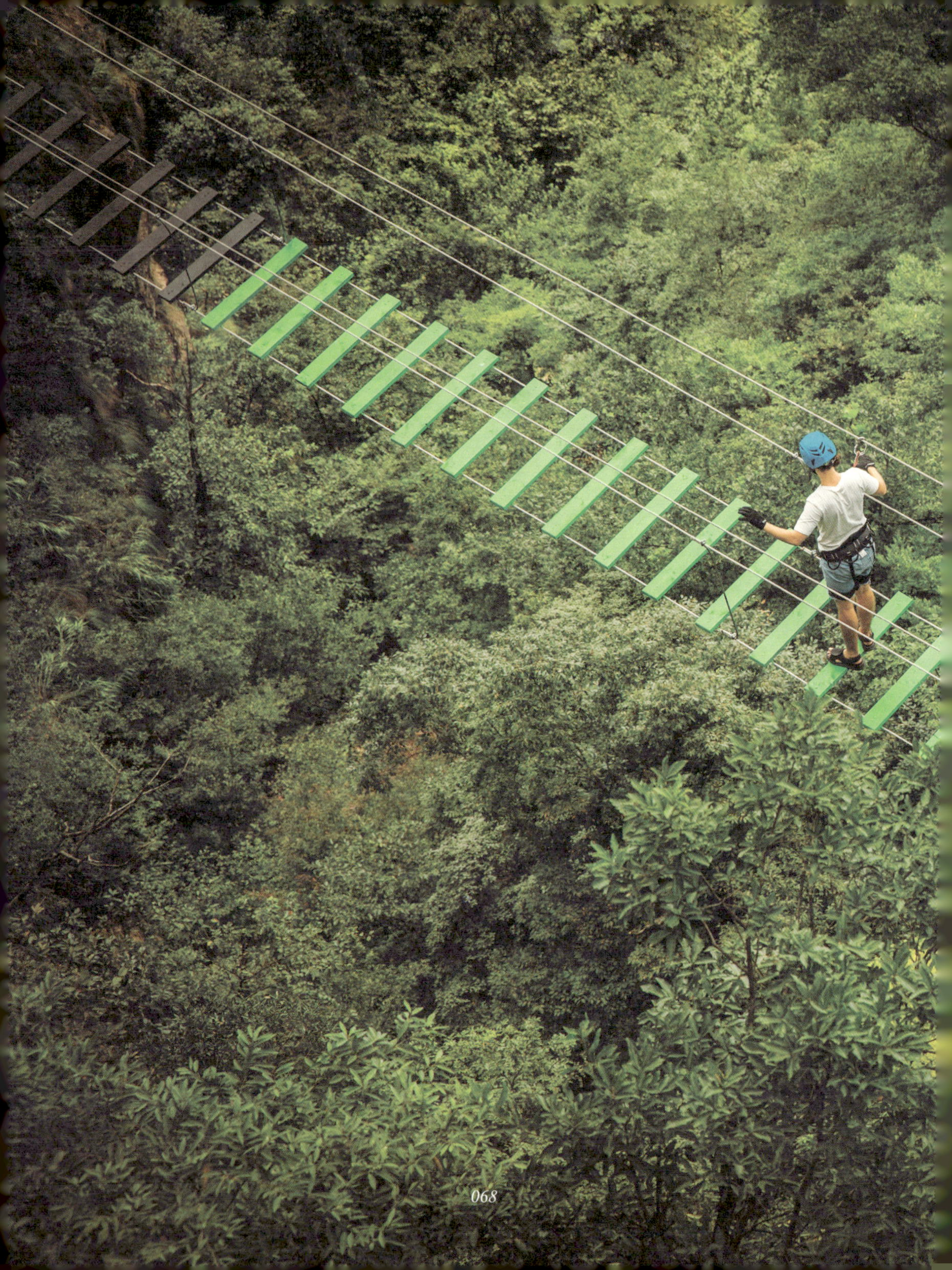

▲云上草原

如果冬天来，滑雪也非常适合亲子活动。由于海拔的落差，云上草原年均降雪量达 80 厘米，最低气温可达 −10°C，这对南方来说，是鲜有的冬季高山冰雪度假胜地。星空滑雪场是云上草原的冬季招牌项目，在这里，所有雪具都是国际大牌，不用出国也能享受国际顶级的滑雪体验。

除了滑雪和玩雪，还可以安安静静地观赏雾凇。每年 11 月起，当其他南方地区还沉浸在深秋的萧瑟中时，云上草原已是一派银装素裹的北国风光。漫山的树缀满了晶莹的树挂，和山雾、云海一起，壮丽无比。

云上草原的体验项目在下午 4 点全部停止，傍晚下山甚至还会感到一丝凉意。从索道站到游客中心的道路被装饰成一条彩虹道。夕阳西下，染红了整片天空。此刻回望浙北第二高峰，如梦如幻。

如此景色，如果能住下来慢慢感受，当然更好。

建在悬崖上的高端酒店，处于云端之上，让你可俯瞰山间美景；提供管家式服务的城堡酒店，让你享受优雅奢华的好时光；坐落于茫茫草原，抬头即见星空的星空酒店，让你沉醉在深邃星辰之中。

云上草原纳入余村大景区后，交通将更加便捷。规划中，有 3 条纵线串联起大余村各主要景点。如果选择后山那条新建的天路索道行走，从余村出发，20 分钟就可以到达云上草原。

▲ 星空滑雪场

5. 灵溪山谷的空灵禅宗

若干年前，我曾去过安吉山川乡马家弄村的芙蓉谷景区。山谷很幽静，除入口处的石观音佛群极为震撼外，并没有看到芙蓉盛开的样貌。当时就想，这里怎么会叫芙蓉谷呢？难道和黄山的芙蓉谷有些关系？

那一带的山水风物，与芙蓉谷这个名字确实有些不相干，于是我向同游的马家弄村沈书记建议："最好多种些芙蓉花，那就名副其实了。或者，干脆改一个更贴切的名字，比如叫'石佛灵谷'。"

芙蓉谷就是现在的灵溪山谷，面貌焕然一新。不知道我当时随口的建议，是否对这个景区的最终定名有所启迪？

灵溪山风景区是一个集宗教文化、溪流瀑布、峡谷奇珍、时尚游乐等于一体的生态旅游区。在群山叠嶂中，海拔1169.6米的凌霄峰巍然耸立。高山幽谷，植被丰茂，造就了"浙北新秀，画里灵溪"的独特美景。

进入这片区域，明显感觉含氧量很高，呼吸间就有淡淡竹香袭来。在这沁人心脾的空气浸润下，身心也随之舒畅放松。

秀美的环境一如安吉其他地方的绿水青山，无须重复描述。而专属于灵溪山的个性景点，主要有观音水景广场、龙潭瀑布、无忧湖、观光缆车、百步云梯、空中飞碟和石佛寺等。按着顺序，我们一一浏览。

过了景区大门，迎面即是观音水景广场。1500平方米的地面上，总共矗立着33尊观世音菩萨石雕像。中间一尊10多米高，宝相庄严，亭亭玉立在龟龙上，注视着世间万物。佛像之后是青山苍翠、绿竹葱茏。一刹那，令人杂念全消，肃然起敬。两侧的水池中，各又立着16尊观音雕像。

"千处祈求千处应，苦海常作渡人舟。"观音普度众生，是救苦救难的化身。《大佛顶首楞严经妙心疏》中说，世间观音皆是观世音的应身而非本相。观世音的应身有三十三数之说，其中包括杨柳观音、白衣观音、普慈观音、马郎妇观音、合掌观音、不二观音等，这些石雕造像正是观音菩萨的33种法身。

每个观音的化身都有一则故事,其中合掌观音的传说还和湖州有关。

相传古时湖州有一对邻居,张木匠和陈老汉。张木匠是做木工的,陈老汉是种果树的,本来相安无事,但两家房屋挨得太近,经常为了房子外的共用空间大吵大闹,从此成了一对冤家,再不来往。

观音菩萨知道后,便化作一个很有钱的商人,来教化这两家人。她买了陈老汉多余的木材,以很便宜的价格卖给张木匠,说是陈老汉的心意;又花钱雇请了张木匠家的很多亲戚朋友来买陈老汉的水果,说是张木匠的赔礼。渐渐地,两家恢复了往来,以前的隔阂也烟消云散了,成了好朋友、好邻居。观音菩萨见心愿已了,就现出了合掌法相,教化人们和衷共济,和谐相处。

合掌观音是一尊合掌立像菩萨,33尊中,必有其一。

观音水景广场边建有放生栈道，直通龙潭瀑布。瀑布高 20 余米，飞流直下，浪花激起，清凉扑面，为山谷增加了不少灵气。

瀑布的顶端是无忧湖，面积有数千平方米。清澈见底的湖水，倒映着蓝天白云、青山绿树。湖中有鱼儿追逐嬉戏，动静相宜，仿佛世外桃源。

湖名"无忧"，甚为相宜。"见之忘俗，见之忘忧"，这里是灵溪山最为幽静之所。在湖边的廊桥上泡上一杯茶，可静坐半日。周围有虫鸣鸟叫，湖边的碧桃垂落水中，有鱼群围着。湖面时而被风轻轻吹拂，荡出圈圈涟漪，小鱼们随即散开去。观鱼的同时，心里也涌起"子非鱼，安知鱼之乐"的典故。

如果要看高处的风景，可乘坐索道缆车。当然，也可徒步，慢慢攀爬至石佛寺，一路可欣赏不一样的风景。但大多数人还是愿意省点儿脚力。

灵溪索道总长 985 米，垂直落差 288 米，空中行程 10 分钟左右。空中俯瞰山谷苍翠，别有一番景致。对徒步上山的人来说，仰看空中索道，也是一道风景。这时，你能充分感悟诗人卞之琳《断章》中的句子："你站在桥上看风景，看风景的人在楼上看你。明月装饰了你的窗子，你装饰了别人的梦。"

要体验百步云梯和悬空栈道，必须得步行。百步云梯是一处陡峭的台阶，当地朋友说，在空气湿润时，这个地方经常有云雾缭绕，行走其上如在云端。在没有索道之时，这里是到达石佛寺的必经之路。经过 358 阶的攀登考验，大汗淋漓之后，当增加了不少礼佛的虔诚之意。

山腰的悬崖峭壁之上，有一条蜿蜒数里的栈道，在云雾间时隐时现。此道从石佛寺通高处的灵溪飞碟景点。不少人选择上山乘坐索道，下山步行，体验在这条栈道上的云中漫步，与大自然亲密接触。

灵溪山谷的核心景点，当数惊险刺激的灵溪飞碟。

在海拔 800 多米的崖壁边缘，一个圆形飞碟状、全透明玻璃平台延伸在半空中，格外醒目。飞碟外探 88 米，垂直落差 300 米，直径 24 米，可容纳 500 人，号称"中国无斜拉绳高空单臂悬挑第一的高空玻璃平台"。

走在玻璃栈道上，有种凌空悬浮的感觉。脚下景色一览无余，视线没有阻挡，视觉冲击特别猛烈。随着心跳加快，步伐自然会变慢。此时此刻，克服恐惧的唯一方式，就是别往下看，别往下看。

直至靠近飞碟边缘，手扶在栏杆上，心情才慢慢放松下来，舒口气看风景。极目远眺，是连绵的山峦和竹海，一览众山小；低头俯视，万丈深渊，行人如蚂蚁。这时你能深刻地体会到，世界上最遥远的距离不是生与死，而是我在玻璃平台上面，你在玻璃平台下面。

山风迎面吹来，恐惧心又起。环顾四周，平台中间是两只可爱的小蜜蜂吉祥物，不少情侣在它们面前拍照留念，丝毫不顾脚下就是深渊黑洞。看来，《妙色王求法偈》中的说法未必正确："由爱故生忧，由爱故生怖，若离于爱者，无忧亦无怖。"此时的山巅之上，演绎的是"心中如有爱，无忧亦无怖"。

▲ 灵溪山谷 空中飞碟

石佛寺，是江南著名寺院之一，位于海拔1085.9米的山腰之上，其历史可追溯到唐天复元年（901年），迄今已跨越1100余年。

相传，唐代洛阳有一位圆通法师，一日见观音菩萨现身明示，说江南某地与佛有因缘，他便从洛阳白马寺请了一尊石观音，一路背负朝拜至安吉山川乡。但见此处景物秀丽，灵气蕴藉，风水天成，顿悟观音所指之因缘所在。于是结庐修行，衣钵相传，成就了石佛寺今日之香火。

"灵溪一道天上落，石佛千年云间坐。不知禅韵入胜景，青山自与游人说。"如果专程礼佛，最好步行，过百步云梯，就到了石佛寺。

石佛寺大门保留老寺原状，用青石叠成，上有石狮和八仙道具浮雕，共17幅。顶端居中为"石佛寺"三字，颜体楷书，古意盎然。

石佛寺是观音菩萨的道场。当年圆通法师不远千里背来的石观音，便供奉在寺内的一个石洞中，上有"紫竹灵山"四字，阴刻在石崖上，字迹斑斑，可想年岁久远。石观音法相庄严，端然正坐，任星移斗转，慈悲依然，迎接每一个来此膜拜的善男信女。洞中有天然形成的一汪清泉，常年不干，清甜可口，周边百姓称之为仙水，常常来取而饮之，以求安康。

石佛寺曾在历史的变革中几经兴废，经多次修复改造，2006年被公布为县级文物保护单位，现占地面积达4000平方米，包含了天王殿、大雄宝殿、地藏王殿、观音洞等建筑，目前是安吉县内第二大寺院。此寺在上海、余杭、临安一带百姓中较有影响力，每年上山朝拜的香客有数万之众。

秋至石佛寺时，景色最美。满山的绿，点缀着枫叶的红，庙宇的明黄，加上偶有和尚出入的身影，灵溪山谷中又多了一份禅机。

▲石佛寺

6. 白茶祖，从九龙峡开枝散叶

在余村，待客的标准就是泡一杯上好的安吉白茶。当水中的嫩芽慢慢舒展，茶香弥漫的时候，主人开始殷勤地请你闻香、品茗，顺便聊起自家这茶叶的来历、品级以及关于安吉白茶的一些神秘故事。

余村人的这份热情是有原因的。隔壁大溪村的横山坞上，有棵千年白茶祖，它是中国所有安吉白茶的母树。这一带的人们总是下意识地把自己看成白茶祖的守护者，何况现在余村大景区确实已将大溪村纳入其中。

安吉白茶外形挺直略扁，如兰蕙。色泽翠绿，白毫显露。叶芽如金镶碧鞘，内裹银箭，十分可人。冲泡后，叶底嫩绿明亮，芽叶朵朵可辨，清香高扬且持久。入口滋味鲜爽，唇齿留香，回味甘而生津。

安吉白茶虽称白茶，却非传统六大茶类之一的白茶，实际上它属于绿茶中的珍品。之所以称为"白茶"，是因为它的鲜叶采摘自一种玉白色的茶芽。这种原产于安吉的茶树十分神奇，它的芽叶会随季节的变化呈现出不同的颜色：初春的嫩叶是玉白色的，晚春时渐变为白绿相间的花叶，至夏季才呈全绿色。每年清明前后，是这种茶树特定的白化期。在这几天采摘茶芽加工成的茶叶，就称为"安吉白茶"，因时间短，故较为稀有。

安吉白茶成名，可谓既古老又年轻。为何？说来话长。

白茶的历史可以追溯至宋代。1079 年，大学士苏东坡到湖州任知府。他的《寄周安孺茶》诗中有"自云叶家白，颇胜中山酝。好是一杯深，午窗春睡足。清风击两腋，去欲凌鸿鹄"，说的就是安吉白茶。

1107 年，宋徽宗亲自执笔的《大观茶论》问世，书中称："白茶自为一种，与常茶不同。其条敷阐，其叶莹薄。崖林之间，偶然生出，非人力所可致。有者不过四五家，生者不过一二株，所造止于二三銙而已。芽英不多，尤难蒸焙，汤火一失，则已变而为常品。须制造精微，运度得宜，则表里昭彻，如玉之在璞，它无与伦也。"可见其对白茶评价极高，言其稀少、珍贵。

此茶后来成为宋廷贡品，可惜好景不长。靖康之乱后，徽、钦二帝被掳，北宋灭亡，天下大乱，这种极品白茶也从此湮灭于江湖。

《大观茶论》中没有讲明白茶的具体产地。自南宋以后，人们一直只闻其名，不见其形。20世纪70年代末，人们在天荒坪镇桂家场自然村发现一株神奇的古茶树，初春时嫩叶玉白，与书中描述的白茶十分相似。此树引起了专家的兴趣。经多方考证，确定这棵千年茶树就是宋徽宗笔下的珍稀白茶。

安吉白茶重现江湖，引起轰动，其间又引出另一段艰辛曲折。

清朝末年，徽州有一户赵姓人家，数代为官。不料家主意外获罪，累及九族。抄家之日，恰大公子出门访友，幸免于难。

赵公子只好隐姓埋名，自改姓桂，奔走他乡。桂公子流落至安吉大溪地界的横坑坞，见此地山高林密，流水潺潺，很是宜居，便结茅筑庐，扎下根来，后来又成家立业，繁衍子孙，慢慢形成桂家场这个小村落。

横坑坞山上有不少野茶树。某年初春时节，桂公子出门，偶尔发现其中有一丛茶树的芽叶竟然是玉白色的，与其他呈翠绿色的茶芽大为不同，竟是从未见过的异种。他当即好奇心大起，便将这些白茶叶采摘下来进行焙制，取来山涧泉水冲泡，芳香特异、清甘无比。

从此，这丛茶树成了桂公子的至爱，桂公子对其关怀备至，精心呵护。因自己身份特殊，桂家不敢把白茶的事说与别人听，只怕引来官府的注意。且白茶树仅有一株，每年所产的茶叶有限，桂氏把它视为珍宝。

桂家人也曾经想让这株茶树衍生子息，以便广为种植。可奇怪的是，此茶虽然每年开花，但很少结籽，即便偶有结籽，播种长大后，叶子却是绿色的。子茶失去了母茶色如玉霜的性状，与寻常绿茶树无二。

这株茶树始终无法繁殖，桂家人便把它称为"石女茶"，戏称其无法传宗接代。斗转星移，桂家一族与白茶树为伴，历经数代，形成了一套独特的白茶制作手法，成为不传之秘。稀少的白茶，桂家人仅用来招待贵客。

▲祭白茶祖

　　直到1979年，安吉县林业局人员在一次茶树资源普查中偶然听说了石女茶的故事，很感兴趣。为了求证，林业局派员进山寻访，终于在榛莽中找到了这棵奇茶。采下叶片化验，结果让专家们大吃一惊，此茶的氨基酸含量是普通绿茶的3—5倍，还有很多对人体有益的成分。

　　这无疑是一个新的茶种，技术人员立刻对白茶的繁殖进行研究。专家发现：如果采用茶籽育苗，其后代呈现性状变异，即没有春季阶段性返白的特性；而采用短穗扦插育苗，能保持母本的特性，后代性状一致。

　　经过数年攻关，科技人员终于打通了此茶的繁育环节，打破了石女茶的魔咒。安吉白茶横空出世，宋徽宗笔下的神品重现，震惊茶界。

　　至此，安吉白茶加入中华佳茗的序列，以白、活、香、鲜、清为特色，成为茶饮中的珍品。安吉白茶制作技艺也入选国家级非物质文化遗产名录。

　　那棵白茶祖所在的区域，现在称为白茶谷·九龙峡景区。
　　九龙峡一带瀑急林幽，云雾氤氲，保留着极好的原生态高山密林风貌。步入

▲ 白茶谷·九龙峡景区

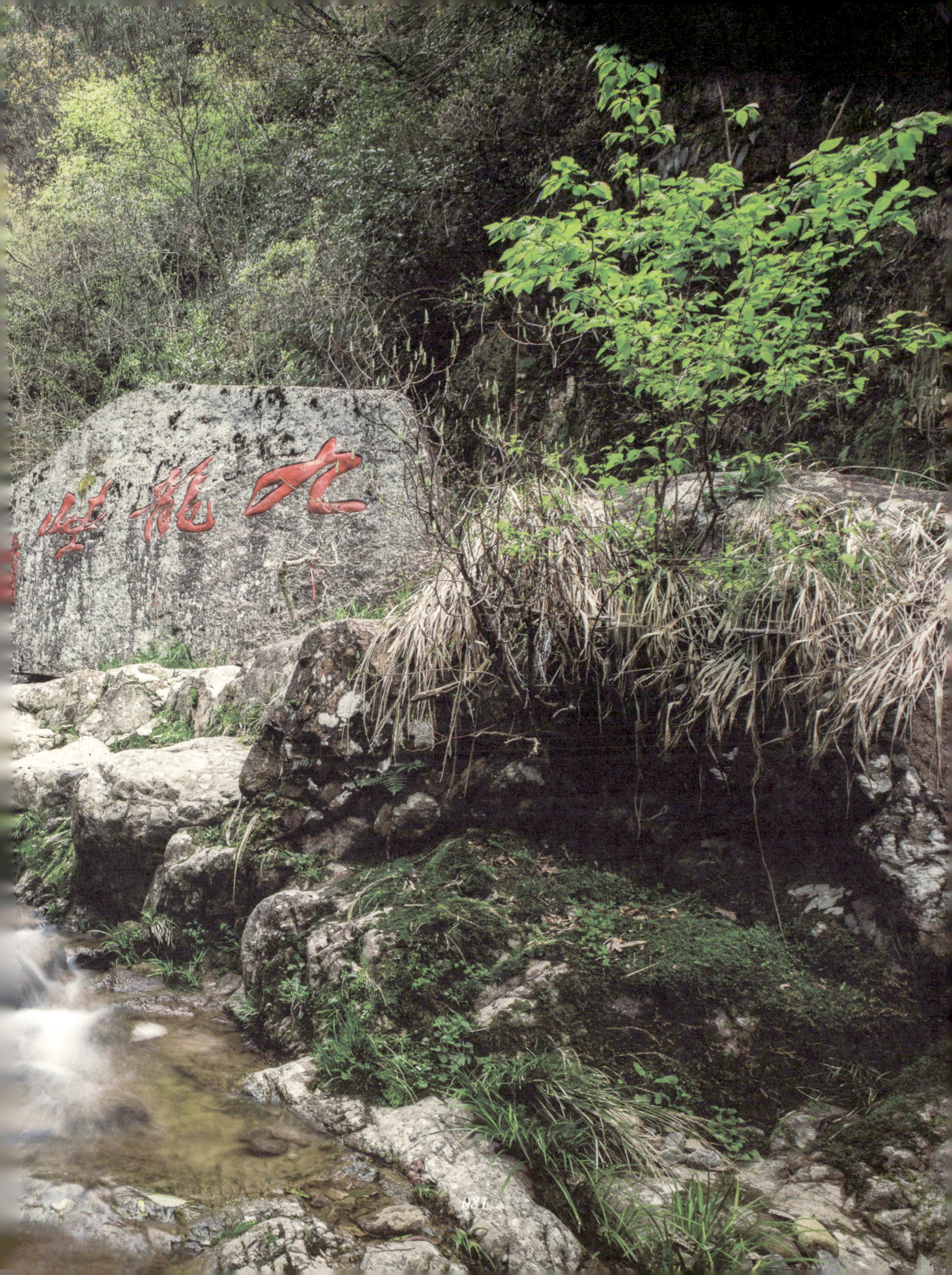

其中，可见苍山碧树，陡壁悬崖，秀水迤逦，叠瀑轰鸣。

九龙峡内有9个瀑布，传说是龙之九子的化身，自下至上分别以囚牛、狻猊、狴犴、蒲牢、霸下、睚眦、嘲风、负屃、螭吻命名。九瀑形态各异，与图册中龙子形象颇为相似，不能不说是大自然和人间智慧的又一次精彩配合。

拾级而上，先看到的是囚牛瀑。瀑分四级，侧耳倾听，每级流水音调各异，或尖细，或清脆，或如珠落玉盘。囚牛是龙子中的老大，爱好音乐，其形象常被装饰在琴头上。此处称囚牛瀑，当得上"老大"之名。

往前走，到了狻猊瀑。老五狻猊的外形像狮子，生性好静，喜欢烟火，因此佛座和香炉上的脚部装饰就是它的形象。狻猊瀑下，就是一块酷似卧狮的大石，静静地趴在碧水当中，十分形象。

狴犴瀑高18米，终年雾气腾腾，水流湍急，是九龙峡中最大的瀑布。狴犴名列九子之七，呈虎形，常用于狱门、大堂两侧的装饰，是秉公断案、仗义执言的象征。远望狴犴瀑，其出水处犹如一只猛虎张口，大有肃穆威武之气。

蒲牢是龙的四子，平生好鸣吼，洪钟上的龙形兽纽是它的形象。钟上部小，下部宽圆，这一级瀑布正像一片水流顺着钟沿边而下。细听流水之声，仿佛有很远的钟声在耳边回荡。

霸下瀑不高，但形状奇特。顶上的石头特别突出，使得水流悬空而下，特别险峻。瀑下有小潭，水色碧蓝澄明。霸下又名赑屃，形似龟，排行老六，平生好负重，力大无穷。这个瀑布最好冬日来看。顶上那巨石叫霸下岩，到天冷时，水凝成冰，根根冰柱垂下，犹如巨兽牙齿，雄霸无比。

睚眦瀑从一道极窄的峡内落下，犹如一把短小锋利的匕首。睚眦是龙的二子，平生好斗喜杀，常被雕饰在刀柄剑鞘上。睚眦的本意是怒目而视，所谓"睚眦必报"，这个模样像豹一样的龙子出现在这里，也算很形象了。

老三嘲风喜欢高立，殿堂台角上的走兽就是它的形象。嘲风瀑从高崖上泻下，银练飘舞，确实气势不凡。下面是一个深潭，终年涛声不绝。

负屃是龙的八子，平生好文，石碑两旁的文龙是其形象。这道负屃瀑，从局部来说不算形象，但若从高空俯瞰，整个溪流就是负屃的龙形。在当地，村民送孩子上学前都要带到负屃瀑中洗手，以借文气。

螭吻瀑是九龙峡落差最大的一道瀑布，有33米高。螭吻是龙的第九子，又称吞脊兽，宫殿顶端经常可见有螭吻安放。所以，将这道海拔最高、落差最大的瀑布命为螭吻瀑，很恰当。

那棵白茶祖，就在第二和第三瀑之间的山腰上。看护这棵白茶祖的，现在是桂家第13代传人桂老伯，他遵从祖训，一生不离桂家场。茶树旁有巨石，上刻篆体"白茶祖"三字，一丛浅绿的半球茶树冠依偎在侧，没有想象中的虬枝苍老。若不是立有石碑说明此树的树龄已有千年，还真不敢相信。

一片叶子富了一方百姓。如今名满天下、遍布五湖四海、造福千家万户的安吉白茶，便都是从这棵老树开枝散叶的。

▲安吉万亩白茶园

7. 矿山遗址公园的前世今生

诚如前文所说的那样，20世纪90年代，在余村的土地上有三座矿山、一个水泥厂，"一厂三矿"养活了本村的两三百名工人。靠着矿石资源，余村成为安吉"首富村"，却也因此付出了环境污染的代价。

湖州位于长三角腹地，盛产石材，水路发达，一度成为华东地区重要的建材基地，高峰时期矿山超过1000座。当时的湖州人自嘲道："上海一栋楼，湖州一座山。"在发展过程中，湖州很多地方都面临这样的"成长的烦恼"。

所幸的是，余村人较早觉醒了，自觉关停了矿山。在"绿水青山就是金山银山"理念的鼓舞下，余村人行动更加果决。2007年起，余村人先后对冷水洞、罗子坞、巍山等三座矿山进行生态修复和土地复垦工作。修复是对矿山的边坡进行浮石清理，在坡底、坡顶恢复绿化；复垦是改造岩宕底，平整加工场等区域土地，种上景观植物。经过治理，三座裸露的矿山恢复了绿意。

为了记录历史、警示后人，余村有意识地保留了冷水洞矿山部分场景，以真实性和完整性为原则，建设了矿坑遗址公园。矿坑底部铺上砾石，周边种上景观植被，同时设计了"炸药开山""抢着大锤敲石头""手扶拖拉机"等场景再现式的雕塑小品，营造氛围。而裸露的石头峭壁被保留着，剖面上的铁锤及风钻痕迹唤醒了人们对那个年代的记忆。

如今的余村已是远近闻名的国家AAAA级旅游景区、世界最佳旅游乡村，从"卖矿石"变成"卖风景""卖文创"，真正走出了一条"绿水青山就是金山银山"的科学大道，开启了后矿山时代的绿色生活。

沿着余村绿道往上数千米，就到达了矿山遗址公园。这里当年主产石灰石，供不远处的水泥厂作原料，据说年开采量高达25万吨。

入口处是一个宽阔的广场。地面都被碎石铺平，看上去颇为工整。几处精心修建的花坛点缀其间，上有芦苇及其他景观植物，错落有致。中间是一条用极大

▲ 矿山遗址公园

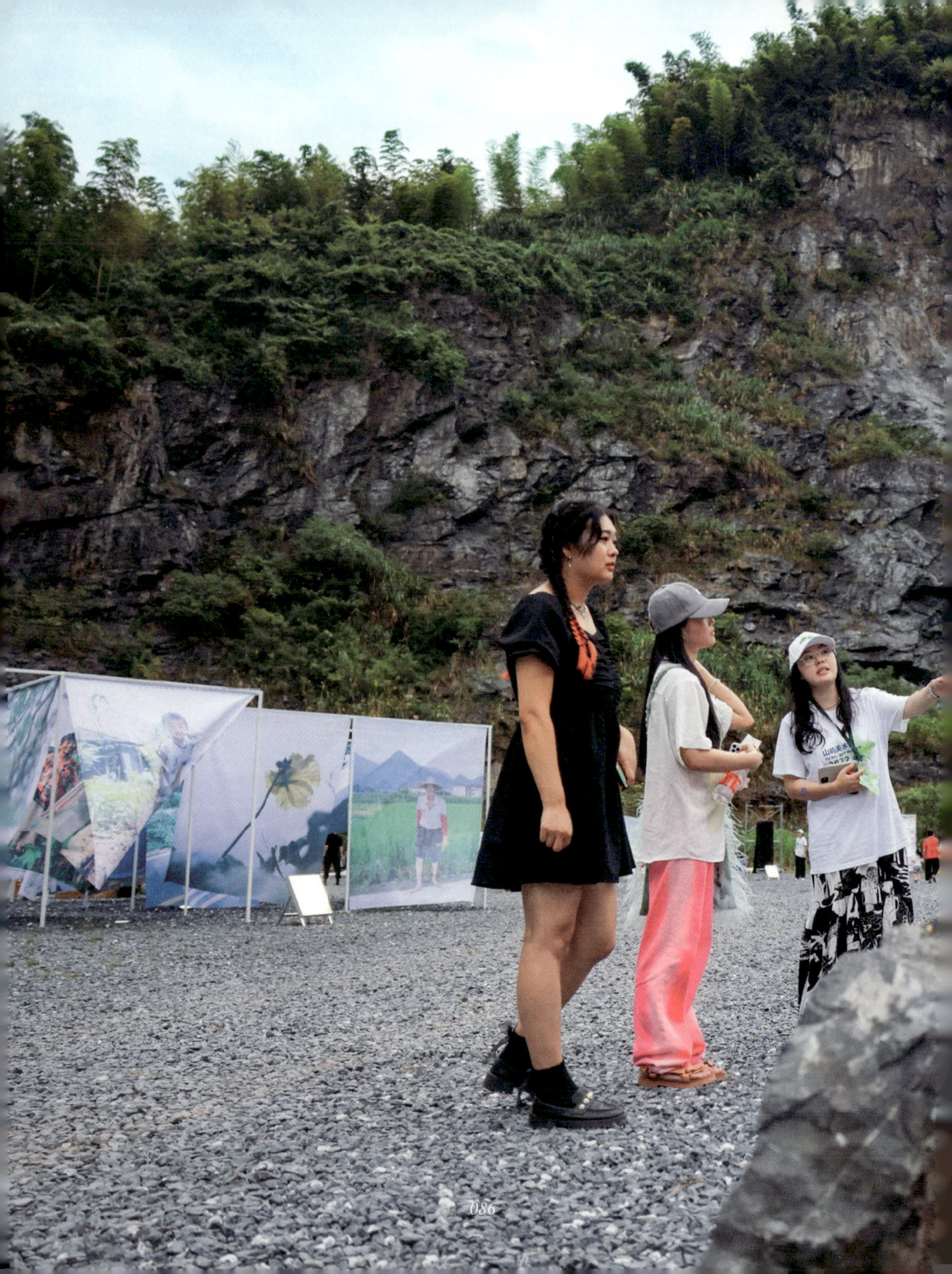

▲ 矿山遗址公园

的天然鹅卵石镶嵌出来的碇步道，分两排蜿蜒通向矿山深处，野生材料与艺术巧思相融合，别有味道。

在矿山入口巍峨的石砌墙脚下，有个石拱门洞口，洞深不到10米。这是当年的灰窑遗址，始建于1974年，应该是余村兴办矿山最早的痕迹。

整个矿山遗址公园呈扭曲的葫芦状，碇步道一直延伸到采石场入口处，这里比较狭窄，只有再进去，才能感受到里面别有洞天。

入矿场，触目便是高数十米的裸露的岩壁。外表斑驳，色泽黑灰为主，一种特有的粗陋荒蛮感扑面而来。横亘的肌理，诉说着当年的艰辛与血汗。岩壁的顶部，是随风摇曳的翠竹林，喻示着矿山的新生。仰望间，一半茂密，一半荒芜，思绪便飞驰到那个爆破声隆响的时代。

百丈山崖下，有一顶大帐篷略显孤单地伫立在那里。另一侧则有一辆房车，看得山，是举办活动时的售货点。中间还有几只装酒的橡木桶，不知道是装饰用还是喝完酒留下的。离木桶不远处，是篝火火堆遗留的痕迹。这一切都说明，在不久前，这里曾经有大批年轻人聚会。

▲灰窑遗址

山坳处，有巨大的"YU HILL"立体字，夜晚时应该会发光。这几个字母有点儿像好莱坞山顶上的广告牌，让这个山谷顿然时尚起来。

矿山遗址公园是露营和野炊的好去处。公园门口的停车场上，停着几辆外地牌照的房车，主人们已经架好了小桌子，看来是准备在这里过夜了。公园的角角落落还有不少时尚灯饰，这儿夜晚会比想象中要热闹得多。

▲ 矿坑中的各项活动

如此青绿 SUCH A VERDANT GREEN

第二部分 观山看水，读云听禅

089

余村这座矿山遗址公园，也是露天的美术馆和音乐厅。

来余村的年轻人多了，他们带来全新的创意，而矿坑这份幕天席地的氛围，以及3000多平方米的空旷之域，成了他们最为理想的表演空间。

2022年8月，首届"余·远野艺术节"在这里拉开了帷幕。主办方认为，以天为顶、以山为地的开放空间，以及老矿坑原生态的自然肌理，加上岩壁上遗留的时代痕迹和稀疏的植物，都很适合搞这样的当代艺术展。

"余·远野艺术节"力邀八位艺术家联合策展。作品以苍穹、青山为画布，打破空间、结构、材料、技术的桎梏，带来了全新的感官体验。

昔日的矿坑被重构为艺术创作的具体语境。

巨大的摄影艺术装置坐落于矿坑中，仿若一座迷宫矩阵迎接人们的探访。这座"迷宫"没有墙体，仅有一幅幅有关余村人民、环境、活动的巨型图像分隔空间。这些经过精心筛选的图像皆来自摄影艺术家对余村的真实捕捉，以生物色料晕染的图像被附着在可降解纤维的布料上。这种环保理念的布展设计，恰是对"绿水青山就是金山银山"理念的极高致敬。

这是一场视觉艺术与声音艺术联袂呈现的激光艺术秀，倾注于光影声色的极致营造。它激活了观众的猎奇心理，牵引着思维的深度探索。

记忆中山野的夜晚只有月光洒落，阴影中的未知令人却步。当"余·远野艺术节"开幕之时，夜光森林就此展开，美轮美奂，令人流连忘返。

2023年的第一天，又有一群年轻人在这里举办疫情之后的首场音乐会。矿坑遗址上搭起舞台和天幕。夜幕下，搭配红酒和咖啡，伴着民谣歌手舒缓的曲调，一场久违的相聚之梦铺陈开来，在所有人的心中留下难以忘却的印记，也让未能到场的人对着被刷屏的朋友圈艳羡不已。

令人耳目一新的展览及演出，让矿山遗址公园很快爆红。热爱艺术和大自然的游客们来到余村，走进这座矿山遗址，共享这不可言说的声音与光影艺术，从黄昏到深夜，变换着姿态，与这片绿水青山相拥。

8. 千年禅院和 90 后住持

关于余村隆庆问禅这个景点，我在做攻略时差点儿闹出了笑话。

由于网上资料的误导，一直以为隆庆庵和隆庆禅院是两个宗教场所：前者是女尼清修净境，后者是和尚礼佛宝地。到了余村之后，才知道二者原来是指同一个地方。之所以有不同名称，是发展阶段定位转变所致。

但有一点可以确定，此处最初确实叫隆庆庵。历代《安吉县志》和其他史书上的称谓，基本都是统一的。尽管有记载清光绪年间曾在此建过隆庆禅院，但当地百姓还是习惯以隆庆庵相称。

至于由庵扩寺，升级到隆庆禅院，是近几年的事。

历史上，隆庆庵的知名度极高。此庵始建于五代后梁时期（912 年前后），据说由吴越王钱镠亲临督造完成。后经宋、元、明、清几代修葺扩建，有殿、堂、楼、房百余间，规模相当可观，可惜"文化大革命"时被拆除了。直到 1997 年，在有心人士的呼吁和政府主导下，恢复了天王殿、大雄宝殿、圆通殿等建筑，重燃了一方香火，但仍不如全盛时期。

隆庆禅院位于天荒坪镇以西 1 千米许。这里青山环抱，山峰挨挨叠叠，像一朵盛开的荷花，被称为"七叶荷花岭"，隆庆禅院便建在这天然的"莲花座"上。

▲隆庆禅院牌坊

▲ 隆庆禅院

缘于脉势玄妙，这座禅院一直被认为是观音菩萨修行之处。

禅院的山门是一座仿清建筑式的石牌坊，为三间、四柱、五楼，通高12.5米，面宽10米。左右两侧放一对石狮，牌坊上有双龙戏珠、麒麟、喜鹊等圆雕或浮雕，极为精致。朝外正中额楣刻"龙庆园"三字，是原浙江书法家协会主席朱关田的墨迹。以"龙庆"代"隆庆"，猜测是延续清乾隆时期的古风，以避皇帝名讳。两边石柱上有一副楹联："云绕莲峰千岩竞秀，泉旁竹海百涧争流。"其中，下联的"旁"当为"傍"才妥，可能是书家笔误。

从牌坊中门望去，是一座观音立像，大理石雕成。菩萨庄严宝相，净瓶倒垂，衣袂飘逸，端立于莲台之上。莲台又浮于一个碧池之中，水域有数百平方米。池上曲桥蜿蜒，池畔柳树垂荫，池面翠竹倒映，池中则有游鱼嬉戏。

放生池后为拥翠小筑，过桥可至。屋前又一池，四周垒石，中间立一太湖云石，幽静雅致。此处住着一条120多岁的大鲵，体长1.2米，体重25千克，俗称"娃娃鱼"，是我国特有的珍稀野生动物。它从天荒坪景区的某条溪流中被"请"来，在隆庆禅院的这个池中已经生活了20多年。

作家黄亚洲在《余村，隆庆庵里的百岁娃娃鱼》中说：

你匍匐在石头深处，并不看我。你只露一条黑色的尾巴，偶尔，横扫一下我的好奇心。

……

你的护持人蒋先生告诉我，有娃娃鱼的地方就有五百罗汉；所以，我更加相信，你的来历是神秘的。

你一定听过佛陀的经。你此刻的一动不动，基本上，就是打坐的样子。

……

我猜想，这种绿水青山的境界，就是你的一种无误的昭示。

我猜想，世上哲理，最深刻的部分，就是娃娃的呼唤。

去隆庆禅院的路是一条鹅卵石步道，从毛竹修林间穿过，旁有奇花异草无数。风过处，竹影忽忽，异香扑鼻，一时漫生尘外之念。

又行百余步，眼前豁然开阔。但见30余级石阶之上，一组白墙黑瓦的徽派建筑立于高处，这就是传说中的隆庆禅院了。

与一般寺院的黄红配色不同，隆庆禅院以素雅灰白为主色，门墙也不是特别的气派，反倒隐隐透出一种庵堂坤道的风格来。估计当年的隆庆庵就是这个样子，尽管门楣上已经嵌入"隆庆禅院"的匾额，但并未忘本。

入内，却别有乾坤。禅院占地面积3000平方米，建筑面积7900平方米。天王殿、地藏殿、伽蓝殿、大雄宝殿、圆通殿、药师殿等建筑依次排列，各殿菩萨佛祖如仪端坐，与其他禅院大同小异，且按下不表。

禅院所处之地风水天成，据说时有佛光降临。因而当地百姓信奉诚笃，香火极盛，周边县市的信众也常常来此烧香许愿，据说有求必应。

隆庆禅院的住持，是一位90后年轻禅师，法名悟澹。从俗家的角度来看，这是一个帅气且文质彬彬的小伙儿，是个有故事的人。

遇见悟澹那天，禅院中清泉正在叮咚流淌。他邀请来者在禅房茶台边坐下，默默地开始烧水泡茶。过程中，烫盏、备茶、冲泡、奉茶都有禅风。对僧人来说，喝茶一道，如持戒、坐禅一样，是日常功课。

同去的两个女生见到"御弟哥哥"般的悟澹，不免有些激动，话自然也就多了起来。在氤氲禅茶的润泽下，大致了解了年轻禅师的过往。

悟澹禅师出家之前，就是一位小有名气的作家，出版了好几部颇有影响力的著作，还担任过一家杂志的编辑，在网络文学界也有不少粉丝。

在20多岁时，这个年轻人却因一个偶然的机会，对佛教产生了极大的兴趣。不久之后，他便剃度成为一名僧人。

那年，这个还叫李彬的年轻人跟同事一起去某寺院搞团建。说

来也是奇妙，他在寺中看到僧人们身着灰衣，井然有序地做事，这样很普通的场景却令李彬心潮澎湃。回去后，寺庙中的画面一直不断地在他脑海中浮现，难以忘怀。他自问：这难道就是佛家所说的"缘"吗？

从那回起，李彬便产生了一个在别人看来很难理解的想法：出家。再三考虑后，他更坚定了信念，认为自己的选择完全正确。

实际上，出家并不是找一个寺庙拜师剃头那么简单。在成为一个真正的僧人之前，要经历一段很长时间的修行，这个阶段称为"净人"，相当于考察期，时间也不确定。没慧根的，三年五载还停留在"净人"阶段，也很正常。但李彬却与众不同，在入禅院一个多月后，便由师父主持剃度了。

缘，在佛家是十分重要的概念。而这个20多岁的小伙子似乎确与佛有着颇深的缘分。出家后，李彬以"上悟下澹"为法名，开始了晨钟暮鼓的生活。

此后又因为某个机缘，悟澹来到了隆庆禅院，成为这里的住持。

悟澹喜欢在月下的禅院打坐，喜欢在周边竹林或茶园里踱步。作为禅院的住持，他也需要思考禅院的发展，让这一方香火更旺。

当然，悟澹仍然在坚持写作。所不同的是，作品中多了一份禅意。这从其《缠中禅——挣扎与解脱》《掩埋》《与师傅喝茶的时光》《缘来红楼梦一场》《解毒〈西游记〉的禅文化》《不辜负为你沏茶的人》等作品中均可看出。

悟澹并不把自己定义为传统意义上的僧人，而自认为是一个自由职业者。他经常云游四海，与学者交流、谈禅、谈书，回到隆庆禅院时，才回归于住持的本职工作。在我看来，他的生活并不因入禅而清淡，反而更加丰富多彩。

悟澹把个人知识产权的流量导给隆庆禅院。在他的微博、微信、今日头条等账号中，经常能看到推广禅院的内容，引来了不少年轻人围观。

悟澹说，其实人生在世，许多现实比梦还要虚幻，但是众生却不愿意面对，一味在繁华中找不到自我的本色。殊不知，繁华是另一种孤独的表现，那宁静致远的寂静是不是比孤独更具深意？

其实，在寺庙也好，在尘世也罢，修行最关键的还是修心。每个人心里都有一座佛堂。只要心里有那盏明灯，在哪里都可以修行。

▲银坑村墙画

第三部分
PART THREE
不一样的村落

厌倦了一成不变的工作，厌倦了烦人的职场内卷……当生活把你逼得透不过气的时候，离开城市，去乡村看看，或许你会发现不一样的世界。

在乡村旅行，你可以吃到很多原生态美食，做很多没做过的事，遇见很多有趣的人。当然，乡村的月亮并不比城市的圆，但它确实多了几分风情。山那边的温暖日出，会用第一缕阳光唤你起床，美好的一天由此开始。

那就去安吉余村吧！那边鸟语花香、情趣盎然，处处透出自然的气息，那里的人们安静祥和、奋发向上。你可以感受到什么叫"中国美丽乡村"，什么叫"世界最佳旅游乡村"，什么叫"未来乡村"。

去余村及周边的村落走走，让生活多一种选择。更何况，田园能勾起你对家乡的眷恋，勾起你潜藏于心中那份挥之不去的情怀。

1. 老街衣袂里的时尚

山河村就在余村隔壁，从大余村的角度说，它属于大余村景区。

相比余村，山河村并不那么知名。但天荒坪镇的前身即山河乡，这个村落就是镇政府所在地。只是后来，天荒坪的知名度太高，这个千年古村便湮没在历史长河中了。尽管如此，如果你走进山河村，那份江南古村独有的灵气可以让你瞬间兴奋起来。

山河村有一条很有辨识度的老街，在你踏上的那一刻，思绪便会回到很久以前的某个年代。村口的石板凳上，三两个老人坐着低低交谈，街边的树上有鸟鸣悠长，还有些中华田园犬在老店门口溜达。这情景，让人感觉这个村庄有些暮气沉沉，不过对于游人来说，要的恰恰就是这份宁静。

老街以前可不是如此，也曾人声鼎沸，热闹非凡。清代秀才叶向荣有《题三户村景》诗为证："步上小街闲看处，骈来沽客似匆匆。"

在明代，山河村地处交通要道，是四乡八村的商贾云集之地。村中有俞、高、柏三姓人家居住，当时就叫三户村。安吉土话中，"三户"与"山河"谐音，不知什么时候，便有了"山河村"的雅称。

山河村老街呈东南走向，分上、中、下街三段，长不过200余米。路道由鹅卵石铺成，宽约2米，岳家坞小溪穿街而过，溪上原有一座小桥，名曰"金桥"。两侧店铺一字排开，有竹器店、裁缝店、理发店、药店、布店等，叫卖声此起彼伏。不过现在除了一些老门面留存，已经很难找到原有的痕迹。

静静的老街，斑驳的门楼，述说着昔日的辉煌。行走其上，除了缅怀，便是唏嘘。令人意外的是，一间老房子的门楣上写着"天荒坪邮局"五字，门口的橱窗内还张贴着放大了的十二生肖邮票。看得出，这是老店新开的创意空间，其中有不少结合邮政文化开发的创意摆件，打造出一个具有复古情怀的主题场景。它的存在，就像给老街点上了一颗美人痣。

邮局建于20世纪五六十年代。圆拱形青砖窗框，蓝色的玻璃，门前还有一个胖胖的绿色邮筒，特有的年代感扑面而来。在没有互联网的时代，邮局承担着信息传递的重任，是当地百姓和外界来往的重要纽带。一封信就是一段故事，从这里辗转投递或收受，交付给异乡的亲友，或接受来自远方的问候。

老邮局就像一个时间的雕刻者，记录着日月的变迁，又像一个久经风霜的老人，守望着异乡的消息。老邮局还活着，因为它仍然具备邮递的基本功能。在这里，你可以挑选一张喜欢的明信片或者信纸，写下你的问候和收件人的地址，盖上专属的火漆印，将信投入邮筒，重温从前的慢时光。

▲山河村老街

老街上还有一家馄饨店，据说也有些年代了。店堂就是店主自家的客厅，店面不大，放了三张桌子。两张圆桌配板凳，供客人使用；一张小桌挨着墙边，是主人包馄饨的工作台。馄饨用土灶和铁锅煮成，猪油、榨菜末、盐和小葱等作料放在一排。汤一滚，就倒入碗中，发出"吱吱"的声响。加上作料，再倒点儿麻油，香味扑鼻。吃完，脑袋轻微发汗，温温热热，十分舒畅。

小店虽然只卖馄饨，但生意特别好，两夫妻常常忙不过来。当地的孩子们长大后去了外地工作，逢年过节回来时，都会相约来这里吃上一碗。馄饨的形状、肉馅儿、口味都一如从前。他们说，就好这一口。

▲山河村全景

　　山河村下辖一个自然村，叫石门，别有风韵。

　　穿过一条花树茂盛的道路，走入村口，眼前顿时一亮：整齐的别墅，繁花锦簇，与山河村老街的斑驳截然不同。各种各样的植物长于院墙脚下，攀于窗户门头，按天性肆意生长。一枝悠悠的丁香，穿过窗台伸出了脑袋；一排白色的花球汇集成别致的顺序，像跳着《天鹅湖》的舞者；那半高的柠檬，黄色的果子躲在绿叶后面，散发出少女般的青涩。阳光斜照过来时，许多花影被切成碎片，一时竟有些恍惚，大有"柳暗花明又一村"之感。

　　别墅的主人根据自己的个性和喜好，选择种植不同的花种，其中多少也有和邻居暗暗攀比的意思。从每家每户种植的品种，能辨别出居民们的个性。花卉虽然无言，但隐藏的花语却能透露主人的秘密。

　　村中的别墅年份不远，以欧式为主，应该是村民们的私产。别墅群的背后是青山，将红瓦白墙映衬得分外雅致。人在房中，开窗即见远山，无任何遮拦。远远看去,晚霞、山峦、云光、花海,在此地连缀成一幅美图。

在石门村拍照,任何一个角度都很上镜,而且自带滤镜效果。花朵们每时每刻都在变化,形状、颜色、气味,甚至情绪都不相同。在花之侧拍照,正应了诗句"人面桃花相映红"或"云想衣裳花想容"。

鲜花是这个村落的表情,因此,石门被称为"花园民宿度假村"。更准确地说,这里是一个以花为主题的民宿村落。但究竟是因为花多而成为度假村,还是因定位为度假村而以鲜花点缀,就不得而知了。

各家民宿自发组成了宿集,这样便可按度假村方式统一管理,为游客提供一条龙服务。显然,这是一种抱团取暖、集约惠众的新民宿经营业态,像大余村这样具有前瞻思维的地方才敢尝试,其中不乏高人指点。

宿集当然不是简单的"合纵连横",作为整体,还需有更多的公共空间。在政府的协助下,村中开发了谷地田园、摄影小屋等配套设施,并打造了古树密语、海棠映月、七星武曲、古韵祖宅等观赏景点。在营销上也统一行动,比如导入"艺术家驻留计划",邀请作家、画家、策展人入驻石门民宿村。

每家每户只要管好自己的一亩三分地,其他的,交给宿集完成。这样的组织模式,就是村口"生态花园民宿共富村"那几个大字的写照。同时,石门村作为山河村的组成部分,这般姹紫嫣红,也呼应着"锦绣山河"的愿景。

▲梅花盛放

2. 马吉村，听说新四军曾来过

马吉村位于天荒坪镇中部，东接井村村，南与西鹤村相邻，西接银坑村，北临浒溪河及13省道，港山线穿村而过，交通十分便利。

由于马吉村是通村要道，南来北往车马众多，在村道上留下了不少车辙，因此被称为"马迹庄"。"迹""吉"音近，后成"马吉村"。

无数条车辙马迹，汇成了马吉村厚重的历史。其中留在下属自然村吴家道的某些印痕，就与当年新四军粟裕部在此驻扎有关。

吴家道位于马吉村北，村中有座规模较大的吴家大院。1945年1月13日，新四军军部转发中央军委电令，成立苏浙军区，任命粟裕为司令员，谭震林为政委，刘先胜为参谋长，统一指挥苏南与浙江的新四军，挺进浙北，打击日伪军，开辟抗日游击区。

▲马吉村全景

根据战争形势需要，苏浙军区司令部计划将前线指挥部迁到吴家道村。此地交通便捷，是出孝丰城至临安的必经之地，加之背靠大山，面向平川，进可攻，退可守，战略位置十分险要。

当时，吴家道有国民党一个加强营驻扎。为了摸清敌人情况，新四军派了一名河南籍的侦察员化装成乞丐前往侦察，刚好碰到几个同为河南籍的国民党兵在吴家大院聚餐。侦察员便谎称家乡发洪水遭了难，不得已出门要饭。老乡相见分外亲，顽兵不仅没有怀疑他的身份，还透露了部队在此驻防的情况。粟裕司令员收到情报后，当机立断，决定当晚发起进攻。

大将出马，所向披靡。新四军一举歼灭了驻守的国民党部队，苏浙军区的司令部便在吴家道的吴家大院驻扎下来，成就了这段红色记忆。

粟裕将军在吴家道的日子里留下了很多故事，老一辈人口口相传，至今还能说上个一二三。其中有粟裕和大院主人吴志容交朋友的故事，也有将军在村里亲自种萝卜的故事，还有新四军政策换人心的故事。村里的老人甚至还记得，粟裕抱着儿子小戎，来到吴家道溪边的凉亭小坐……点点滴滴，汇聚成吴家道人对老一辈无产阶级革命家的深切怀念。

因为这段红色情缘，马吉村挖掘历史文化，修缮了吴家道村的吴家大院，并在其中建了一座新四军三次反顽战役文化展示馆。

吴家道原有吴、邵两姓的大户，吴家大院便是吴家的祖居。这座大院雅名"爱吾庐"，从现存门楣上的匾额首题"甲戌深秋"推测，该建筑应建于1934年。大院由围墙、院落、主屋和偏屋组成，占地面积近4000平方米。主体建筑为二幢连体。东幢为三开间三进三层楼，东南角四层观望楼；西幢为三开间二进三层楼，均为硬山顶。主屋东南角和北侧分别建有偏屋。

在时间的风雨中，吴家大院的主体建筑被毁，仅存门楼、部分围墙、庭院和东南角偏屋。为了恢复历史遗迹，地方政府对偏屋、围墙进行修缮，并对院落进行整治。这座爱吾庐现在是安吉县文物保护单位。

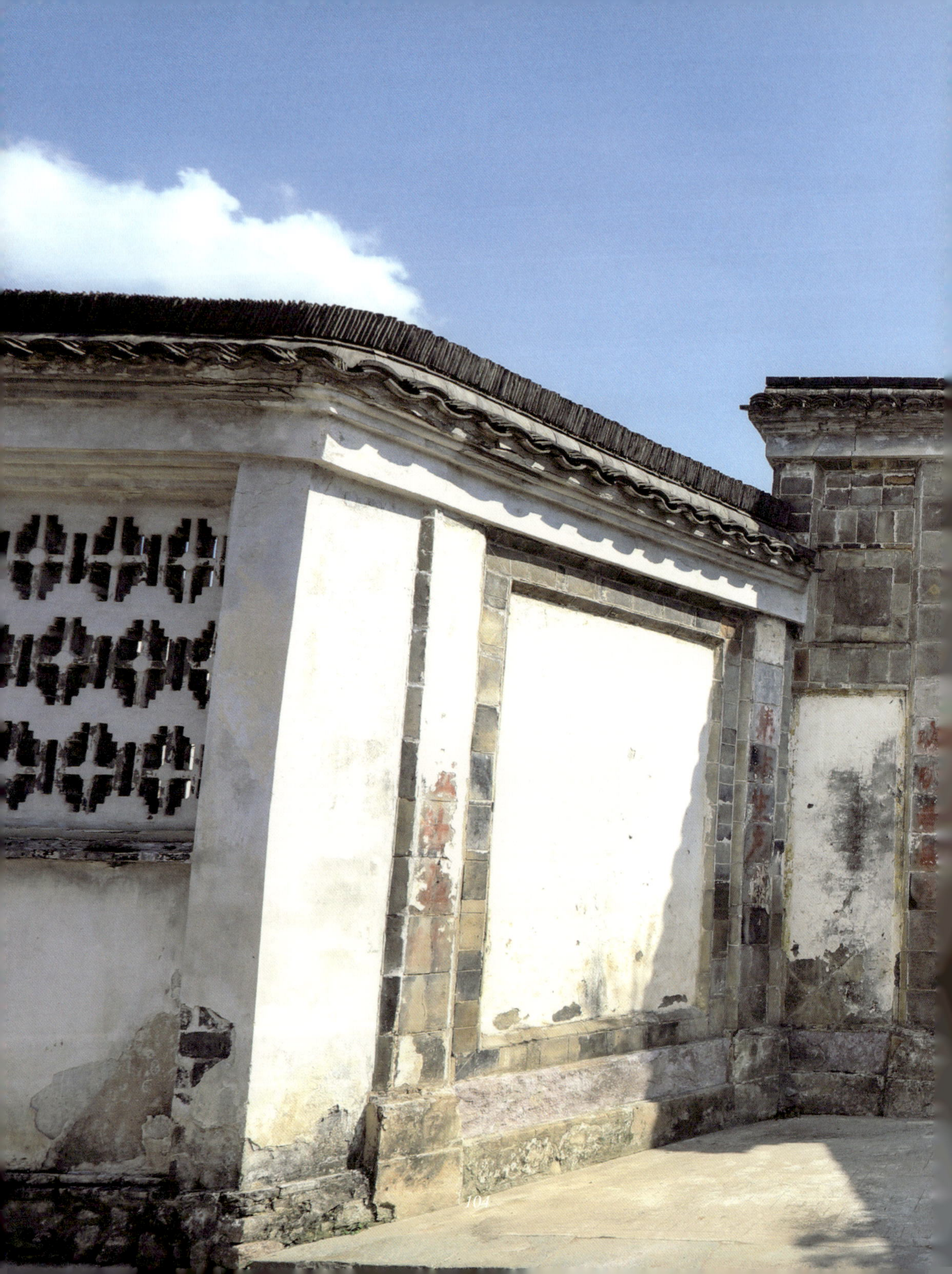

▲吴家大院

展示馆以"红色中枢吴家道"为主题，分"天目反顽战""中枢吴家道"和"老区故事会"三部分展示内容，重点讲述粟裕司令员在吴家道前线指挥部期间发生的故事，为大余村的建设融入了更加丰富的红色元素。

这座展示馆，上榜浙江省首批乡村博物馆名单。去的那天，一场雨把空气洗得干干净净。门口树木上的叶子，雨过更绿。战争的硝烟已经消散，但我们从这座大宅的门楣和瓦片上，分明读到了曾经的峥嵘岁月。

馆内陈设着新四军穿过的草鞋、吹过的冲锋号等，也有新四军当年从村民处借用的柴刀、锄头、烤火盆等物件。这些物件被当地村民珍藏多年，如今安放在展示馆中，也算是找到了最为相称的去处。

展示馆的后院还保留着粟裕将军以前种过的菜地，绿油油的菜苗凝聚着将军和村民的鱼水情，满目的生机彰显着红色的革命信念，令人追忆。

马吉村有了这样一座红色展示馆，总会吸引着人们前往的脚步。村里的游客多了起来，当地村民在茶余饭后也喜欢到吴家大院转转。周末的时候，更是有不少孩子到这个第二课堂来延续这段红色根脉。

▲新四军三次反顽战役文化展示馆

3. 被"文创"的水泥厂

关于余村，很多文章中都有这样的描述：

> 改革开放后，余村陆续建起石灰窑、水泥厂和砖瓦厂。
>
> 水泥厂污染严重，不仅粉尘多，而且排放浓浓的黑烟，整个村子是灰蒙蒙的，人也灰头土脸。苍翠的青山不见了，连银杏树也不结果了。
>
> 余村溪水如酱油汤，恶臭难闻，河里鱼虾都绝迹了……

当时水泥厂不仅余村有，天荒坪镇横路村也有一座。

20多年前的"村村点火"场景我们只能想象，但那座水泥厂的废墟还在。两幢标志性的巨型圆筒水泥均化库依然耸立，高低错落的输送桥勾连着厂内多座灰色建筑，是老工业时代的典型样貌。厂房的墙体已经残破，偶尔还能见到隐约的标语口号。这座曾寄托着希望的工厂，当年是怎样一幅火热的场景？

漫步在横路村的水泥厂区，时光仿佛凝固。在岁月的沉寂中，空地上已是荒草丛生，有一只野猫在草丛里出没。曾经的尘埃不再飞舞，寂静的建筑物里空无一人，只有那翻墙越屋的爬山虎才略显出春日的生机。

好在这里的一切都是敞开的。朝阳和晚霞不断"光顾"，石头、草木、建筑以及各种生物与非生物都在按照各自的秩序"开拓疆土"，它们没有被人世的规矩束缚，仍然保持着原始蓬勃的生命力，恣意更迭。

水泥厂是一处静谧的角落，可以感受旷野之美，又能体会消失之痛。

不过，这种极具视觉冲击力的废墟建筑，对游人来说，触目就能带来莫名的兴奋，它有某种神秘的引力。面对遗迹，可以遥想，可以缅怀，可以重构。在这样的体验中，可积累一次非同一般的行旅记忆。

正因如此，很多残破建筑越发成了游人追捧的景点，比如罗马的圆形斗兽场、埃及金字塔、柬埔寨吴哥窟、伦敦郊外的巨石阵、荒芜处的万里长城、北京圆明园的断壁残垣……

不远处就是冷水洞废矿场。在裸露的岩石边，一群年轻人正在喝咖啡聚会。他们之所以奔赴而来，可能要的就是那份年代的沧桑感。

在大余村新一轮的规划中，这座废弃的水泥厂将要建成一个文创基地，利用现有的工业遗存为载体，联合周边的山体、农田和部分村落，打造一个融合文创研发、艺术交流、艺术培训、文化休闲的"两山"文创园。

设计者的构想是保持老水泥厂的工业风，融合现代时尚和艺术元素，既能体现出工厂的历史感、复古感，又能体现出艺术感。利用屋顶绿化、光纤照明、光伏发电、雨水收集等绿色科技，从环境营造到外观改造，再到内部空间的整合利用，都导入低碳环保理念。同时，借助水泥厂雄伟的主体，打造夜间元宇宙灯光

▲沧桑的水泥厂

秀，用高科技畅想和描绘乡村未来生活场景。

当然，园区不局限于现有水泥厂空间，多个附属场景已跃然纸上。

山地艺术公园：依托水泥厂后山，开设步道，制作艺术装置，打造山地艺术公园作为"两山"文创园的后花园，也是文创园与余村相连通的公园。

艺创空间：将水泥厂内部厂房进行改造，打造成面向创意设计类企业的办公室或者个人工作室，主要面向乡村艺术画廊、艺术家工作室、室内展厅、拍卖展厅、私人博物馆等艺术文化交流机构。

田园艺创广场：在废弃水泥厂入口区域，打造一处具有乡村田园风格的田园艺创广场，成为大众休闲的开放空间，同时也作为各类公益活动、比赛、室外展览的场所，以吸引人群聚集。

主题酒店：建造一家工业风主题酒店，提供不一样的住宿体验。

品牌餐饮店：在文创园打造时尚风格的中餐馆、西餐馆、咖啡俱乐部、酒吧等业态，以丰富客人味觉体验，提供休闲娱乐空间。

"两山"文创园将与艺术院校、知名影视公司、音乐公司、动漫公司建立合作关系，引入文创艺术业态，以各种主题活动吸引游客。

通过空间组织和道路连接，文创园与余村景区、天荒坪镇等连成一个统一的有机体，成为余村大景区的一大标志性建筑。这座具有历史记忆的高耗能、高污染的工厂，最终将成为"绿水青山就是金山银山"理念转化的一个经典符号。

从水泥厂到文创园，这样的"转身"本就是一件极具创意的事情。

横路村位于天荒坪镇西南端，是去往天荒坪电站和藏龙百瀑景点的必经之路。横路村村域面积19平方千米，人口3350人，为天荒坪镇最大的行政村。

去横路村的路上开满野花，村口有水果摊子，村中浮动着和煦的阳光。远望起伏的山峦，近看密密的花树，让人觉得这个村子充满了温情。

明清时期，横路村属孝丰县浮玉乡，旧称"皇路村"。这个村落已经延衍千百年，自然有些故事。据说宋室南渡时，康王赵构逃难经过此村，被南屿山白

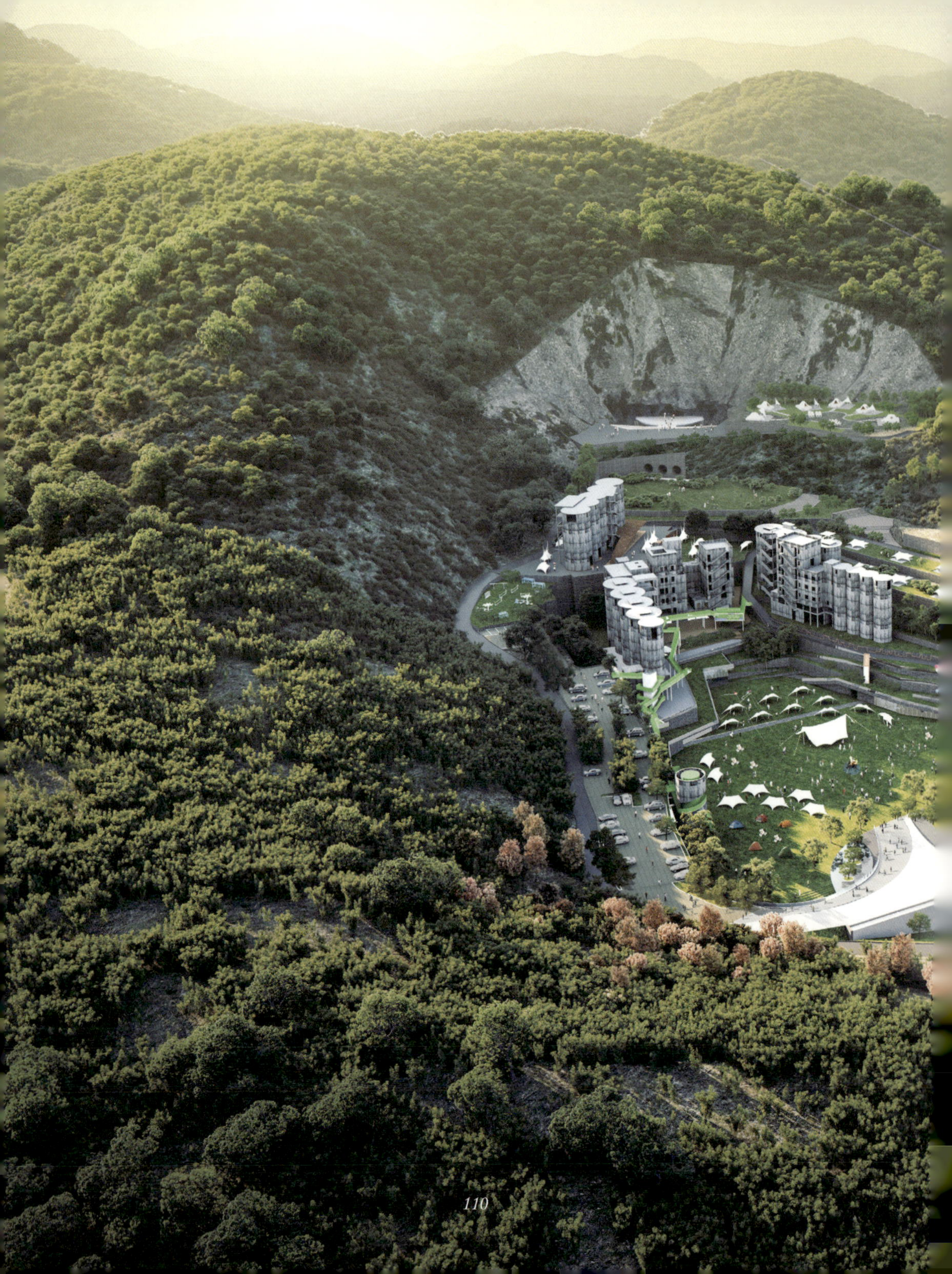

▲ 水泥厂文创基地

云庵里的尼姑所救，后来成了南宋高宗。

从"皇路"到"横路"，大抵也是因为安吉土语谐音。我倒觉得"横路村"更加贴切，村前那条横着的官道，就是佐证。

村庄旁有座山峰，上面原来有一座宝塔，四面临空，悄然独立，如一位长者，默默守护着这个村落。此塔名为"乐安塔"，由青砖垒砌，空心构造，有30多米高，方圆几十里远远就能看到此塔。可惜在"文化大革命"时期，该塔被毁坏，砖块和塔基都被人们拆去建造学校和养殖场。今天，古塔不复存在，只留下一块杂草丛生的塔址和一些断石、碎砖，令人唏嘘。

村中屋舍相连，街巷纵横。一些老旧的门楼虽然残破，但雕龙画凤的装饰依旧栩栩如生。在一座老楼前面，还留下一块旗杆石，上面有插旗杆的孔穴，这一切都使人联想起横路村当年的繁华。

一条溪流从村边经过。20世纪60年代，溪岸古树林立，三官殿旁的一棵千年大松树高十几丈，郁郁葱葱，村民说，后来被水泥厂的二氧化硫熏死了。在时间的洗礼中，村落中的一些痕迹已被分解得无影无踪。

古塔见证了村庄的历史，却没看到横路村今天的模样。早在2010年，横路村就已创建成为"中国美丽乡村精品村"。如同安吉其他的村落一样，可见家家创业，处处和谐，人人幸福。村中不仅有网红民宿息心庐，还有好评不断的天荒坪烧烤店……前辈们把自己的心血注入此地，又体现到今日的生活里。正如古门楼上所书的"山钟水毓"一样，这里山清水秀，宜养宜居。

横路村有个夜市，晚上游人如织。"让有趣的事情在市集发生"，标语就贴在市集的入口。每逢假日，市集会设烧烤长宴，人们惬意地围炉夜话，喝啤酒吃龙虾，既体验人间烟火，又找找乡愁。

4. 想与明星偶遇？去银坑村吧

银坑村就在天下银坑边上。但由于天下银坑过于知名，人们常常忽略了这个美丽的村落，它羞答答地躲在明星们的后面，像个小媳妇。

银坑村的山坡上有"安吉生态影视第一村"几个大字，口气不小，但的确名副其实。《夜宴》之后，来这里的剧组络绎不绝。在荧屏上，不经意间便能看到来自银坑村的镜头。粗粗罗列，便有《夜宴》《中国往事》《功夫之王》《越王勾践》《白蛇传说》《大秦帝国》《蜗居》《相爱穿梭千年》《心中有鬼》《绣春刀》《外八行》等十多部。一个小小村落能受大腕们如此青睐，够牛吧？

走进村中，碰到明星们在拍戏，是很平常的事。有时还不止一个剧组在此铺开场面。

银坑村位于天荒坪镇中部，整个村域呈东西走向。群山环抱中，植被覆盖率高达96%。当然，最有代表性的植物就是秀竹。漫山遍野的竹，像一个个青绿的绒球，风一吹就呼啦啦地滚动着。站在竹海中间，只觉清风荡漾，心旷神怡。这时，你可以深深呼吸这天然氧吧里最新鲜的空气；你也可以环顾四周，寻找这片绿色梦幻之境中记忆里的荧屏镜头。

银坑村原本是"藏于深闺人未识"，但有了第一次《夜宴》的"触电"，这个村子便"出圈"了。以至于现在，既挡不住摄制组的脚步，也挡不住游人的脚步，硬是把一个山村变成了一处热闹的影视外景地。

▲银坑村村景

▲ 银坑村一角

于是，银坑村成了"安吉生态影视第一村"，也成了大余村规划中的重要组成部分。

戏里的武侠与江湖场景，在原生态的竹海中一场场翻演。竹子的秀美与神秘、坚韧与气势，在银坑村的转角里完美融合。

有人说，热爱电影的人一定也热爱旅游。这句话真有几分道理。因为电影是视觉艺术，旅游也是视觉的享受，都带给人美好的感受。

如果能在旅途中和偶像们相遇，那就太幸运了。那么，去银坑村吧，去现场围观剧组吧，遇到心仪的演员，拍合影，求签名，有的是机会。

遇到特殊的节日，银坑村还有鳌鱼灯表演。

鳌鱼是中国神话传说中的动物。相传在远古时代，金、银鲤鱼想跳过龙门，飞入云端化为龙，但是它们偷吃了海里的龙珠，只能变成龙头鱼身，称之为"鳌鱼"。雄性鳌鱼金鳞葫芦尾，雌性鳌鱼银鳞芙蓉尾，终日遨游大海。

《封神演义》有记载："只见乌云仙把头摇了一摇，化作一个金须鳌鱼，剪尾摇头，上了钓竿。童子上前，按住了乌云仙的头，将身骑上鳌鱼背上，径往西方八德池中受享极乐之福去了。"说的就是这个物种。

以前，银坑人逢年过节都会舞银鱼，祈求风调雨顺，可惜后来慢慢失传了。直到村庄成了"美丽乡村精品示范村"，村民生活好了，环境变美了，却忽然发现文化成了短板，于是，村干部向老一辈人讨教，挖掘属于这个村落的老底子特色文化。通过翻阅地方志和各家族谱，最终发现银坑村早年就有金鱼灯、银鱼灯，而银坑村原本就叫"银鱼村"。

▲鳌鱼灯

为了让银坑村独特的鱼灯文化继续得到传承，村里请来专家寻找、考证，发现在江苏太仓还有类似的活动。人们喜出望外，迎回了代代相传的鱼灯，阔别半个多世纪的鳌鱼，终于"游"回了银坑村。

银坑村的鳌鱼灯，金鳞彩纹，栩栩如生。精致的道具，加上新编排的音乐舞蹈，使鱼灯表演极具观赏性。表演队伍共有 30 多人，都是村中的男女。农闲时节，鱼灯队聚在一起排练，逢年过节，随时可以上场。

去银坑村，最好是夏季。这个季节，村里的温度比城市低四到五摄氏度。住进民宿，晚上还得盖被子。寻一丝炎炎夏日的清凉，不在话下。

最关键的是，村里荷塘的荷花正盛开。白的似霜，粉的像霞，"接天莲叶无穷碧，映日荷花别样红"，再应景不过了。

村里的特色民宿很多，随便挑。村民们也很热情，你一住下来，似乎就成了他们相处了十几年的邻居。而令人惊喜的是，你的楼上或者隔壁房间可能就住着某个明星或导演。

如果是家庭小聚，可带孩子们去周边的农场采摘，附近的美人指葡萄园、阳光玫瑰葡萄园都特别有名。这些夏季水果中的明珠，摘自你手，入了你口，那一口属于大余村的清甜，会留下生命中无法忘怀的记忆。

当然，孩子们还可以去村里的 5G 物联网养鱼基地里看鱼。这是一个智能化养殖系统，鱼儿长得又快又肥。一座座人工鱼池内，鱼群自在地穿梭。如果记住某条鱼的编号，不久后它或许就会来到你的餐桌上。

夕阳西下时，可去乡村大舞台看演出，也可去数字影院重温在这里拍摄的电影，或者进入笼式足球场、篮球场，与哥几个来一场大汗淋漓的比赛。

5. 树景坞梯田里的花月夜

中华农耕文明中，梯田极具代表性。

依山而建的梯田，层层叠叠，顺着地势从高到低排列开来，流水般的线条划开了田块的界线，形成波浪式的断面，极具观赏价值。

群山之间，那无以计数的梯田，仿佛是一曲迷人的交响乐，醉人心魄。在光线的照射下，梯田如同无数块被打碎后散布在大地上的镜子，倒映着澄澈的天空，记录下日出日落，云卷云舒。

层层而下的梯田，是农民精心雕琢的作品，是丰收的希望。而对于游人来说，那是大地上的艺术品，是心之向往的童话世界。

梯田淋漓尽致地展露了田园风情，美丽的梯田不胜枚举。近的，有浙江丽水市的云和梯田，被誉为"中国最美梯田"，如链似带，高低错落，行云流水；远的，如广西桂林市的龙脊梯田，有"梯田世界之冠"的美誉，气势磅礴，神韵变幻，蔚为壮观。而颜值最高的，当数云南省红河州的哈尼梯田，这是哈尼族人世世代代留下的杰作，上万亩梯田连片，在漫漫云海下，构成了如诗如画、美轮美缺的景观，它被列入《世界遗产名录》，可谓实至名归。

在天目山脚下的大余村区域内，也有梯田。虽说没有上述梯田知名，但在某个合适的时候走近它，依然会被这梯田的别样风光折服。

五鹤村树景坞自然村就是如此。尽管规模不算大，但上百块形状不一的梯田错落有致地镶嵌在翠绿群山的环抱中，分外生动。村庄、田埂、树木掩映成趣，勤劳的村民在田间耕作，形成一幅天人合一的自然美景。

树景坞梯田最美的日子，要数中秋节那天。

每年的中秋节，在树景坞的梯田旁都会举办一场"云梯花月夜"的游园雅宴活动。这个夜晚，层层叠叠的梯田会被灯光点亮，在月光的映衬下，梯田的轮廓越发美丽，呈现出一派盛世繁华的田园气象。

▲树景坞村梯田

村民们身着古装，化为宋人。大人小孩提着灯笼，在村道与田间走动。耳边传来桂花祝酒、啜饮赏器之声。置身其间，且雅且趣，不饮亦添了几分微醺，一时间，误以为进入了《东京梦华录》的场景。

月影落在朦胧大地的那一刻，百亩梯田内的灯光也如星辰般亮起。灯笼在梯田间浮动，起起落落，星星点点，激滟的水光与田埂的曲线相和，像极了宋词元曲的韵致。此刻，正是天宫的玉兔守望，将清澄的月辉洒向人间的时刻。天上嫦娥舞、吴刚醉，而树景坞这人间一角，也如此这般。

梯田中央有一棵树，华冠茂盛，根脉深扎。村里人都称它为"树神"，是村里的风水树。平时有事，大家习惯聚在大树脚下商议，而盛大的"云梯花月夜"活动，当然也是在这树下举办。人们环坐在大树下，就像花瓣围绕着花心，悄然将心贴近。更有人将祝福之语悬挂树梢，倍增和谐。

古朴的活动中也穿插着时尚。风穿过自助烧烤架，玉米、番薯、鸡翅、羊肉串排成一溜，香味扑鼻而来。在村落的茶馆中，茶艺师为人们演绎宋代点茶技艺，让人近距离感受宋朝的茶百戏。只见热水在茶汤上作画，呈现幻变图案。这确实是宋代点茶文化的精髓，今日有缘，方可一见。

小孩们欢跳，年轻男女们漫步，而长者清茶一盏，坐而论道。诗书礼乐，天地悠远，投壶、射箭、闯关、烧烤……欢饮达旦。这样的良辰美景，在五鹤村树景坞，上演了一场穿越般的宋韵文化追寻之梦。

大千世界，可爱有趣。古人、今

▲云梯花月夜

人、空间和时间都在变迁，但只要心存雅兴，无论何时的风月，都留有让人回味的共情之处。宋朝塑造了生活美学的独到高度，它的流风余韵依然滋养着今天的人们。

五鹤村位于天荒坪镇南，辖区面积9.46平方千米，由7个自然村组成，树景坞就是其中之一，散布在三条峡谷内的平川之间。五鹤之名，是五云里和鹤岭两个自然村的首字组合而来。

村内除吴、章两姓为世居本地外，大部分人口是太平天国后从安徽、湖北和本省宁波、台州及绍兴地区迁居而来。自然村与自然村之间不仅乡音不同，风俗也不同。这和安吉很多地方相似，属于移民聚居区。

孝丰近代诗人俞楚石以"此地蛮音喧缺舌，听来多半客邦人"形容安吉。追溯五鹤村的历史，其中蕴藏的乡土文化也是这般独特。所幸的是，移居五鹤村的民众将这片土地视作自己新的家园，长期融合交往，彼此心心相印，已经不问来处——诚如苏轼词云："此心安处是吾乡。"

五鹤村依托竹海、梯田等自然资源，大力挖掘地方文化，发展特色民宿产业，因为村里有五位竹仙女的传说，就找了个特别搭档来推广自己的品牌。这个搭档就是山海经杂志社，一家专门挖掘民间故事和地方文化的媒体。

山海经杂志社与天荒坪镇签约，将五鹤村定为"艺术乡建"共建基地，传播五鹤村的地域文化，也将奇奇怪怪的故事植入这个村庄，甚至还会开设一家以《山海经》故事为背景的民宿。

这可是极为有趣的事。也许某一天，游人在五鹤村的乡间小道上行走时，不经意间就能与《山海经》里的神兽迎面撞个满怀。

6. 一条大溪波浪宽

> 上有天池如平镜，下有九龙盘街亭。
> 农家青山为依伴，灯光霓虹夜作城。

这几句诗，说的就是余村大景区里的大溪村。如果问天荒坪镇哪个村落的自然风光最为优美，大溪村绝对名列前茅。

大溪村位于安吉县南部，与临安区交界，面积31.4平方千米，辖大溪、香炉山、桂家、曹家土户、张家、桃树坞、外长龙山、上培、龙池塘、大荷山、里长龙山、市岭、横坑坞等13个自然村。境内9条小溪汇成大溪，村以溪命名，在天荒坪镇内海拔最高处，是一个接近云端的行政村。

去往大溪村的盘山公路，蜿蜒又曲折。车随弯道蛇行，地势一直升高，前方耸起一座大岭，道路依着山形弯弯拐拐，时有涧水瀑布跃入眼帘，远处群山若隐若现。连续的转弯，有腾云驾雾之感，考验着自驾者的车技。

▲盘山公路

进入山道，路面越发狭窄，山势越发险峻。薄而陡的尖峰就在路侧，植物葳蕤，树枝常与车窗擦肩而过。村舍、田野、山溪都在脚下远去，氤氲的雾气随车缭绕。在某个转角处，有车从对面驶来，双方都得小心避让。

这时，会想起电影《头文字D》中周杰伦在秋名山飙车时的情景，顺带也想起他车身上印着的"藤原豆腐店"几个字。令人意外的是，在去往大溪村的路上，我们居然看到电影中的同款豆腐店，想必创意也来源于此。

藤原豆腐店的布置，日系风满满。虽叫豆腐店，但是店内没有豆腐，只卖豆腐模样的布丁。很多人因特色布丁慕名而来，却被店里的桶装奶茶吸引住了，据说一桶有 2.5 升。买了一杯店中的奶茶，味道确实不错。

来到大溪村，一要赏瀑布，二要玩漂流，三要住农家乐。

安吉知名的景点藏龙百瀑，就在这个村域范围中。

藏龙百瀑，顾名思义，就是一个瀑布群，由大大小小 100 多个瀑布组成，以一个峡谷的形状延伸开来。在山脚下，远远就能听到闷雷般的轰鸣声。进入其中，但见高山对峙，森林茂密，飞瀑流泉，悬崖叠嶂，而那水流之声不绝于耳。这时候，连贴着耳朵对话都很难听清。

这里是浙江最大的瀑布群。瀑有三折重叠，水水相连。第一瀑为长龙飞瀑，落差 60 多米；第二瀑为虹贯龙门瀑，如雨后彩虹般横卧着，也称"小黄果树"；第三瀑为神龟听瀑，以旁边的石头形状取名。而三叠之中，又分为数十股形状各异的细流小瀑，从而成就了"百瀑"之名。在瀑布下，细密的水雾扑面而来，打湿人的视线，将景物模糊成一个影影绰绰的世界。

循水拾级而上，神龟听瀑在山涧旁边，两块巨石，一大一小，就像两只伸长脖子的乌龟，趴在那里静静地聆听瀑布声。再往上走，经过潜龙瀑、龙须瀑、龙纱瀑，三龙各具形态。或如潜龙游弋，或如猛龙出海，或如暴龙飞腾，名字引导着人的想象，也算贴切。

虹贯龙门是两山夹峙一面石壁，前挂一道瀑布。那石壁后有洞，传说是龙王藏宝处。瀑布如纱幕，将其遮掩。天气晴朗时，阳光斜照，氤氲水汽中隐约可见一道彩虹，站在瀑布边只觉清气萦回，宛如仙境。

除了瀑布，附近还有众多奇石。望仙石、老鹰石、天生悬石等，个个形象逼真。其中一块特别壮观的石头，称为"仙人桥"。抬眼远望，一块万吨巨石夹在两座悬崖之间，风过时，仿佛摇摇晃晃，有千钧一发之险。此巨石据说在远古时就悬于此处，经万年而不坠，确实稀罕。

▲ 藏龙百瀑

▲ 大溪漂流

藏龙百瀑一侧的高山名为长龙山，山上有太平洞遗址，是当年太平军打造兵器的兵工厂。山上还有看灯台，是太平军将士用以观察敌情的哨所。当地史料记载，太平天国忠王李秀成率领所部在长龙山上与清军发生了一场激烈的战争，战斗延续了四年零五个月，惨烈无比。

高山斜坡上有层层梯田，据说也是太平天国的将士开垦的。这些梯田在当年是否采用太平天国的《天朝田亩制度》，不得而知。

藏龙百瀑集奇、特、险、幽、秀于一身，几经开发，增加了木桥、栈道、茅廊、索桥，为旅人的游兴更添上几分喜悦。

水流湍急的峡谷最适合漂流，安吉的漂流项目特别多。屈指一算，华东有近20个值得一漂的地方，分布在杭州、无锡、溧阳、临安、桐庐、千岛湖、安吉等地，其中安吉就占了一半。华东的漂流滑道，安吉独好。

大溪漂流就在藏龙百瀑景区内，全线贯穿整个大溪村，游客在享受惊险刺激的同时，可以将大溪村山水尽收眼底。

这段漂流全长2千米，沿途曲折迂回，两岸林荫遮天。其中共有21个漂点，游客可在水上漂上1.5小时，惊险又刺激。

漂流是一项融娱乐性与刺激性为一体的项目，乘筏飞渡，顺着激流向前冲，两岸风光无限。C弯、S弯、360°大回环……竹林、远山，一路漂移、俯冲、跌宕起伏，全程尖叫不断。既可以体验浪遏飞舟的刺激，又可以欣赏沿溪两岸的风光，还可以与邻船打水仗，这种体验，非亲历难以描述。

跟浙北峡谷这类漂流相比，大溪漂流算比较温和，坡度也缓和许多。毫无防备的人，在第一个漂点会被意外打湿，连扑后面的几小浪后，也就适应了。而且这里的所有落差点都有工作人员照顾，带着一家老小玩也很安全。漂流结束后，还有热姜茶和梅干饼慰劳。有网友评价说，这是"老人和小孩都喜欢的小刺激"，甚至把它归为"养生系漂流"。

大溪村有一条九龙街,街口有30余级台阶,两旁耸立着4根华表柱,气势非凡。这是一条建在山腰上的商业街,店铺里不仅有安吉本土的特产,而且有来自全国的知名品牌产品。大溪村的旅游人气很旺,否则,在这半山之上,恐无法支撑这条商业街的生意。

　　大溪村也被称为"浙北农家乐第一村"。因各自然村均处于秀美的山水间,几乎家家户户都开农家乐。随便走进一家,便可吃饭、住宿。

　　这一晚,住在大溪村的夏庄民宿。主人夏青原在外经商,前些年,大溪村面向全国招乡村运营商,安静多年的老村忽然迎来了生机。夏青便回乡开办了这家夏庄民宿。民宿的房间名称大多与溪水相关,如流水居、倚溪轩、涟漪居等。在

▲大溪村全景

这个村中，最不缺的就是水。"开窗纳山影，推枕得溪声"，草木与流水相濡以沫，轻雾与山岚浑然一体，流水便在民宿旁静静流淌。

这样经营了几年，夏庄慢慢做出了名气，客人络绎不绝。

坐云，是大溪村的另一家民宿，它的名字应该来自王维的诗："行到水穷处，坐看云起时。"建筑外形也像是一朵云。坐云民宿对面就是一座山，空气里水汽足的时候，山的半腰有缥缈的白色山岚，层层缭绕，如临仙境。

除了夏庄和坐云，大溪村还有很多知名的民宿，后文再说。

住在大溪村的民宿中，可能是人生最悠闲的时光。在快节奏的时代，独处于隐秘之地，返璞归真，真是一种奢侈。

7. 港口无船千丈竹

港口村在大竹海内,村子前前后后全是竹。

准确地说,港口村位于安吉南部、天荒坪镇东面,与余杭的百丈镇接壤。翻过幽岭隧道,就是杭州地界,是安吉离杭州最近的一个村庄。

清代诗人王显承在《竹枝词》中写道:

> 遥怜十景试春游,东岭迢迢一径幽。
> 记得碧门村口去,篮舆轻度到杭州。

诗中说到的东岭,就在港口村内。《孝丰县志》记载,"其岭峻绝,修竹苍翠,拂人衣裙",今日依旧如此。环顾村庄,峰峦绵延,坡陡峻峭,峡谷深邃。遍野绿竹摇曳,山风过处,竹香阵阵,令人心怡。

山阴(今绍兴)许庆霄亦有《过幽岭诗》:

> 幽岭幽岭何其幽,蔽天松竹无人游,
> 东西天目环四周,独松一关居上头。

幽岭在古代是一个兵家必争的关口,形势险要。

曾经的兵戈之声已经远去,但太多的风雨沉淀在这个村落的各处。游走其中,或许在某一个转角,就可能捡拾起一段惊天的往事。

相比天荒坪镇的其他村落,港口村的宁静是少见的。这个村庄,隐在自然间,尚未被过度商业化。村民秉持着最淳朴的农耕传统,日出而作,日落而息。四时节序分明,人情流转如故,一派岁月静好。

初夏的午后,阳光很强烈,几个孩子在村口一边玩耍,一边拿着冰棍舔舐。冰水淌在他们的手掌上,淌到他们的衣服上,引来了鸟儿们啄食。孩子们不管不

▲ 幽岭隧道

顾，依然沉浸在自己的快乐中。村民在房屋边地里不紧不慢地劳作，见有人入村，便抬头看了一下，并不过问，但脸上露出慈爱的笑容。

一股氤氲和厚之气扑面而来，这是一个古村落应该有的样子。

因为离杭州近，港口村的年轻人方便到城里工作，安家落户后，也带上老人进城，村里便空出不少老房子。而这些"空巢"却意外地吸引了城里人来寻租小住。尤其是退休后的杭州人，一住就是小半年。种花种菜，养鸡养狗，完全融入山村生活，体验"归去来兮"的田园养生之旅。

村里人进城，城里人返村，这倒极像钱锺书先生《围城》中那话的本意："城里的人想逃出来，城外的人想冲进去。"

港口村因桐坞港和五云港两条河流交汇而得名。这些水道行船不便，但可以放竹排，是毛竹外运的汇集地。历史上就有"港口无船千丈竹"的说法。每年竹子砍伐的时候，可看到数千根毛竹顺水而下的壮观场景。

这样的场景，要选择冬春季节来港口村才能一见。

"顺山溜竹"是劳动人民千百年前总结的智慧。竹山之上，有古代人留下的竹子下滑通道，直达河边。十几米长的毛竹伐倒后，三五支一捆，在细头部用竹枝打好结，然后拖到滑道上，人在前面稍微一带，那竹子就哗啦啦往下滑，一去数里，直到河边，确实省时省力。

不过时代在进步，人们已经想出更好的法子让毛竹下山。现在一般采用管道运送毛竹，颠覆了千百年来的传统作业方式。

你可别小看这个发明，其中有浙江大学以及湖州农林专家的心血。

管道运送竹子，就是在竹林采伐区安装一条可移动的、倾斜角大于20°的PVC大圆管，定位在山脊或山脊一侧。管道下端预留一片开阔地，便于集材装车。管道安装与竹子采伐同步进行，自下而上，边安装，边采伐，边下送。采伐到顶，管道随之跟进。下送时只要将竹子放入管道内，竹子自会沿管道下滑至集材点。这一创新不仅降低了运竹成本，而且大大提高了安全性。

▲放竹排

听说过水、油、气的运输管道，居然还有"通竹管道"，真是大千世界无奇不有。科技创新打破了挑竹工的饭碗，这门古老的职业已渐渐消逝。

与"顺山溜竹"同样壮观的，是毛竹顺水漂流。河面上，数千根毛竹扎成竹排，在放排人精准的控制下顺流而下，场面惊险刺激，宏大壮观。

放竹排是安吉人古老的水运方式，刺激而又危险，一不小心就会出现散排、翻排、搁浅、折断等事故。轻则重新整理，耗费时间，重则放排人落水受伤。为此，在当地人眼中，放竹排是个高难度的技术活。

竹子到河道后，放排人用藤条、篾缆、铁链等将竹子编扎成一捆捆排节，再将若干排节纵横连接成为竹排。毛竹细的那头捆扎后做排头，前面的排尾连着后面的排头，就这样将十几捆排节连在一起，成为长数十米、宽2米多的竹排。有经验的放排人一次可运输2000多根竹子。

毛竹数量少的时候，只需排头排尾各有一人即可。若是毛竹数量多，就要多增加一二人，来回在竹排上检查绳索有没有松动，掌握行进动态。

掌舵人是放竹排中最为重要的人。他站在竹排的最前头，拿着一根撑竿，负责把握整个竹排的方向和速度。既不能让竹排撞到河里的大石头上，出现散排、翻排、搁浅等现象，又要控制竹排前进的速度。走得慢了，他就用撑竿撑两下；水流急，竹排有些太快了，就用撑竿倒撑控制。庞大的竹排在掌舵人的操控下，犹如一叶扁舟，漂浮前进在弯弯曲曲的河道之中。

随着交通的飞速发展，这种运输方式已经渐渐消失。但在安吉，"放竹排"作为非物质文化遗产表演项目，被保留并传承下来。旅游季，在港口的河道上，你或许还可以看到这种壮观的竹排漂流。

▲ "柿事如意"

第四部分
PART FOUR
小居别处

作家北村在《隐居壹世界》中说，人生之路像个英文字母"Y"，当你走上一条路之后，你的一生离另一条路就会越来越远。所以，人们就一边走着这条路，一边想着那条路，以这种方式持续一生，过完一世。为了反抗这种宿命，人们寻找各种方式，其中一种就叫隐居。最著名的例子是作家梭罗，他离开城市去了瓦尔登湖，找到了心灵的落脚处。

对一般人来说，隐居是一种奢侈，是一件极难的事。但找个地方小居几日倒是容易，于是就有了"旅游度假"这个概念。外国人习惯把度假当作一种生活方式：每年固定到一个地方住上十来天。他们认为，人类不能无休止地工作，必须给精神留出足够的空间和时间。一星期工作五天，周六给亲人朋友，周日给上帝。

我们在快节奏的都市里喘息，却忘了如何安静地呼吸。那么豁达些吧，定时给自己放个假，去周边走走，去寻找某处乡村民宿，小住几天。

小居别处，与绿水青山相依相伴，感受自然的隐秘之美，以此和城市的高强度快节奏生活对抗，或可达到一种极具张力的平衡。

1. 息心庐，依山听泉

还未进入村落，便见几栋夯土墙的小楼在竹林间若隐若现，这便是息心庐民宿了。确切地说，它是一个民宿小村落。

嘈杂的声音忽然自动消隐，宛如进入避世之地。

在天荒坪镇横路村横园里自然村，息心庐坐落于群山竹海间，有溪流穿行其中，是真正的山水之境。"息心"二字，取自南朝安吉人吴均的《与朱元思书》："鸢飞戾天者，望峰息心；经纶世务者，窥谷忘反。"意为从喧嚣的尘世里脱身出来，给心一个自在休憩的地方。

民宿被群山包裹在一块谷地上，外部基本上不做修饰。几幢土房高低错落，层层后退，确保每间房都见得到阳光。老式的瓦砖写满了旧时光的秘密，似乎都有一段欲说还休的故事。每栋建筑各自独立且私密，但在二楼增加了大幅玻璃窗，便于取景。户外绿地庭院，竹林隐约，古朴幽静。

特色的夯土老墙，是息心庐有别于其他民宿的标志，也是主人刻意保留的村落的原始之韵。而且，这种土墙冬暖夏凉，很适合居住。

民宿主人是安吉本地人，在其中的一座老屋里，他和父母生活了几十年。春日在屋前的田野间摘花捕蝶，夏天在不远处的溪涧中捉鱼抓虾，这是他最宝贵的童年回忆。于他而言，老房子里有自己的故事，带着情感。

因此，他在改建民宿的时候保留了原生态的夯土建筑，并把周边的古树也包容其中，连同那条溪水都划进民宿的范围。

一切美好都源于自然和细节。土墙、大树、小溪，加上能收纳风景的玻璃大飘窗，成了这间民宿不可或缺的要素。

从稍远处看，每栋房屋都以墙为画框，以窗为画布，将风景与自然融合在一起。门前过溪的石板经过处理后，形成悬浮于水面的观感，多了几分轻盈；大幅玻璃搭配重檐屋顶，是新旧之间穿越时空的对话。

▲ 归心庐民宿

息心庐于2017年开业，共有14栋房子18个房间。每栋房屋门楣上都有古朴的书法题字，如"枕山听泉""花红流碧""云逸风清""云山墨戏""竹韵通幽""望峰息心"等，名称与屋舍周围的环境都十分契合。花园大床房、竹景家庭房、复式套房……随意选一间，都有惊喜的理由。

在那幢叫"枕山听泉"的房子入住，此处后背环山，旁有泉水，确是名副其实。入屋，挑高的木梁架，卯榫原木家具，搭配清水泥墙，房里没有多余的装饰，

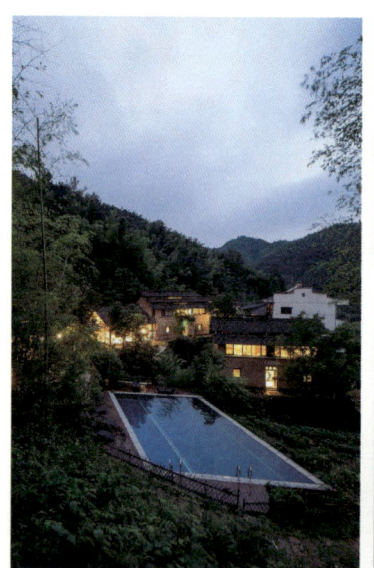

▲息心庐民宿

只在窗前置了一副茶座，简洁质朴。温柔的光线照亮了每个角落。一杯茶，一支笔，在书桌前记下这难得的行旅，体会时光清浅的诗意。

早起，拉开窗帘，阳光耀眼。开窗远望，山间清雅的香气飘入室内，残留的困意瞬间消失无踪。走出门，发现整个息心庐都在接受晨光的洗礼。

附近是村中寻常人家的民居。息心庐用一排褪色的竹栅围出自己的一方天地，没有遗世独立的高冷，自有一种独具一格的优雅。屋前有菜地，屋后有竹林，傍晚时有袅袅炊烟，充满诗情画意。

住在这里，真是融入原始村落之中了。主人说"于竹林深处忘忧，于山泉溪涧处生活"，想来不外乎如此。

息心庐曾荣获"最佳酒店设计奖"，各方面设施都按五星级酒店标准建设。除了拥有别致的居住环境，这里的餐食也颇有乡村之风。

阳光餐厅通透明亮，全玻璃结构下可尽享暖阳，一家数口或者几多良朋，均可以小聚。餐厅里没有固定的菜单，每一季刚成熟的时令蔬菜，和主人自家养的鸡、鱼等，就是最好的佳肴。而最令人舒心的是，你可以亲自动手，春天到竹海挖嫩笋，夏天下河里摸鱼。带着这些食材回到民宿，只要吩咐掌柜一声，片刻之后，便能享受自己的劳动所得。

"久在樊笼里，复得返自然。"卸下生活的盔甲，奔赴山野享受几日休闲，是城市人最大的梦想。在息心庐，见自己，见众生，见天地。

网友为息心庐留诗一首，摘录于下：

> 土屋山村可遁身，竹涛深处养元神。
> 息心忘返图清净，窥谷望峰洗俗尘。
> 溪涧长流云致逸，梅兰浅笑蝶相亲。
> 清风明月常为伴，野笋芽茶酒亦醇。

2. 迈岚 & 古道缘：与苍山、碧树、古道为邻

安吉的秋，青绿渐渐被金红取代。金是银杏落叶，红是枫叶满山。天荒坪镇大溪村的山野就是这样色彩斑斓，堪比日本京都及奈良的浪漫。

沿着撒满金叶的采茶古道一路前行，沿途溪水涓涓，两旁的白茶园保持着墨翠的表情，山谷中时而有雾气飘过，轻柔地触摸人脸。

等瞧见银杏树下点缀着金叶的白屋时，迈岚就到了。在海拔700米之上的山林竹海间，这座精致的民宿格外惹眼。

去迈岚落脚的客人，就是通过门前的几棵百年银杏来识别它的。每年几场秋雨过后，整个民宿便"醉"在一片金色的叶子中。银杏是迈岚的招旗，也是迈岚的魂魄。古银杏树下，是迎接客人和办理入住的前厅；屋内的银杏禅椅和吊顶上的银杏飞叶灯，其灵感都来自银杏树；连民宿公共区域的地面上也镶嵌着黄铜制成的银杏叶，形象生动，几可乱真。

迈岚改自20世纪60年代的老房子，老木头做梁，土石块砌墙，斜屋面与半透明外墙相结合，糅合成全新的骨骼。老木头散发着年轮的温情，那些自然的色差、年代的包浆、时间的裂痕，都是刻在它们身上的故事，让人踏实。

迈岚有山院和水院2个院子，共计10间房。

山院面对着古道山谷，远处有枫榧古树林和长龙山，是景观最美的地方。水院则是老房子围合而成的院落，基本保留着原来的模样。老旧的白色石墙在绿树的映衬中透出历史的年轮，也透出时代的身影。

迈岚的房型多为复式公寓，适合亲子度假、情侣度假，也适合亲友聚会。一层为客厅，通透的落地窗将自然绿意引入室内，即使偏坐一隅也可拥抱远山；二层是卧室，配有天窗，白天可看山岚云彩，晚上可枕星空入眠。室内空间高度并没有因为设置阁楼而显得局促，反而给人一种有包裹的安全感。

迈岚的室外，做了一个涡流无边泳池，可以自动制造循环水流，模拟长距离游泳的感受。若遇雨天云蒸雾绕，人在水中，就如同飘在云端。

▲ 鹽城民宿

这山腰上的泳池，夏天是住客的乐园，而在其他不适合下水的季节，池水倒映着碧空浮云和浩渺山林，又成了民宿的一道亮丽景观。

　　住在迈岚，俯瞰是无尽的山岚，雾气缥缈而来，身后是千年的古村，炊烟袅袅。仙境与俗世，在这云烟间不时相互变换。

　　室内的设计，沿袭了新旧结合的风雅古朴。栏杆是坚硬的柏木，长桌是散发清香的老樟，钢柱包裹着纹路清晰的老榆木……陈旧的肌理上印刻着过往的温度，一梁一柱，均可谓器尽其材。

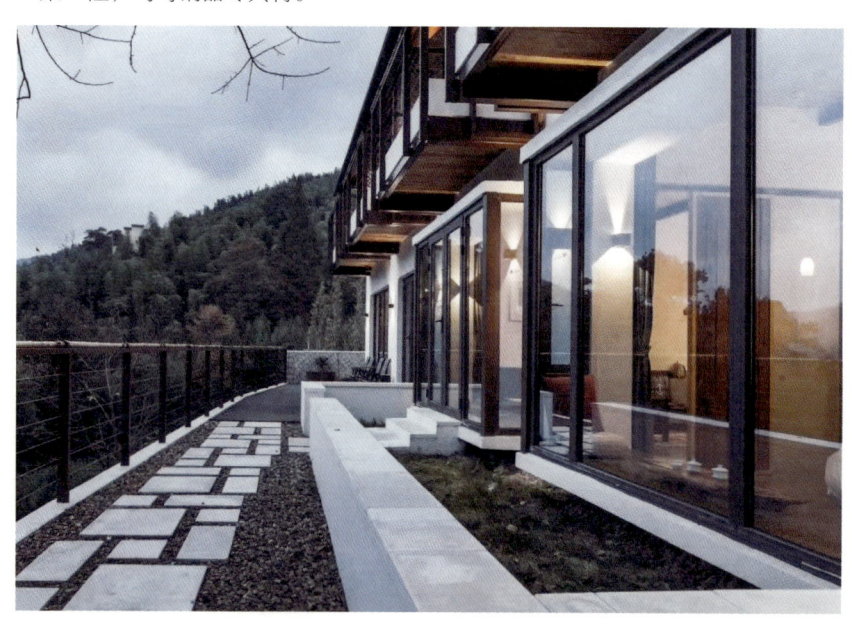

▲迈岚民宿一角

　　民宿的多功能区又是另一种风格。大面积的落地玻璃，将窗外树枝与天空毫无保留地纳入视野。室内光线柔和，陈列着老木头挂件、银杏叶照片和其他一些精致的手作，看起来更像是一个乡野艺术馆。

　　餐厅名曰"挑食"。这个"挑"，有选择美食的意思。这里的食物都是来自大自然的馈赠，以山货为主，原汁原味。厅中有大大小小许多方窗，框住室外的一小片风景，如同在墙壁上挂满了油画。所不同的是，画框内的物象会随着季节、早晚、光色的变化而变化。

来迈岚的路上，绝不会让你失望。对骑行者而言，这里有浙北"小环法线"的精华路段，是长三角极具挑战性的山路；对自驾者来说，只要你车技够好，那四个隧道、多个发卡弯，足可体验一把在大山中穿行的惊险与痛快。

民宿周边有江南天池、大溪漂流、白茶祖等景区，住在迈岚，春采茶，夏漂流，秋赏叶，冬滑雪，四时都值得期待。

大溪村的民宿当然不止迈岚一处，古道缘也是其中之一。

古道缘客栈在横坑坞自然村，民宿的名字透露了它的位置：门前那条石块铺就的山路，就是安吉白茶走向山外的古道。

古道缘周围的空气中，弥漫着柴草气息和鲜茶清香。土石砌就的院墙，茅草盖顶的门楼，简朴而宁静的木门，露出一隅的房子，极像陶渊明笔下"暖暖远人村，依依墟里烟"的田园山居，带着遗世独立的野韵。

推开院门，抬步拾级，院落中目光所及的点滴都会勾起记忆深处的亲切，故乡的情愫便在这方寸之地瞬间蔓延开来。

主人将民宿的客厅唤作"堂屋"，这是老底子的叫法。堂屋中央是一个可供十几人围坐的地嵌式火塘。可以想象，冬日里和天南海北的住客围在一起，讲述各自的见闻，火光照映着三山五岳好汉们的脸，一如《新龙门客栈》。

这当然只是想象，更多的时候，是一家人或者同来的伙伴们围着火塘，煨番薯、烤年糕、烘麻糍，其暖融融，其乐融融。

堂屋后墙是整面的落地门窗。门窗格子中间，一枝从后山延伸进来的接水竹笕滴答有声，将清澈的山泉引来屋内。这场景，令人想起陆游的《闭户》诗："地炉枯叶夜煨芋，竹笕寒泉晨灌蔬。"不知设计者灵感是否来源于此。

古道缘客栈主楼有6间房，另有附楼又设2间房。房间都大于50平方米，足

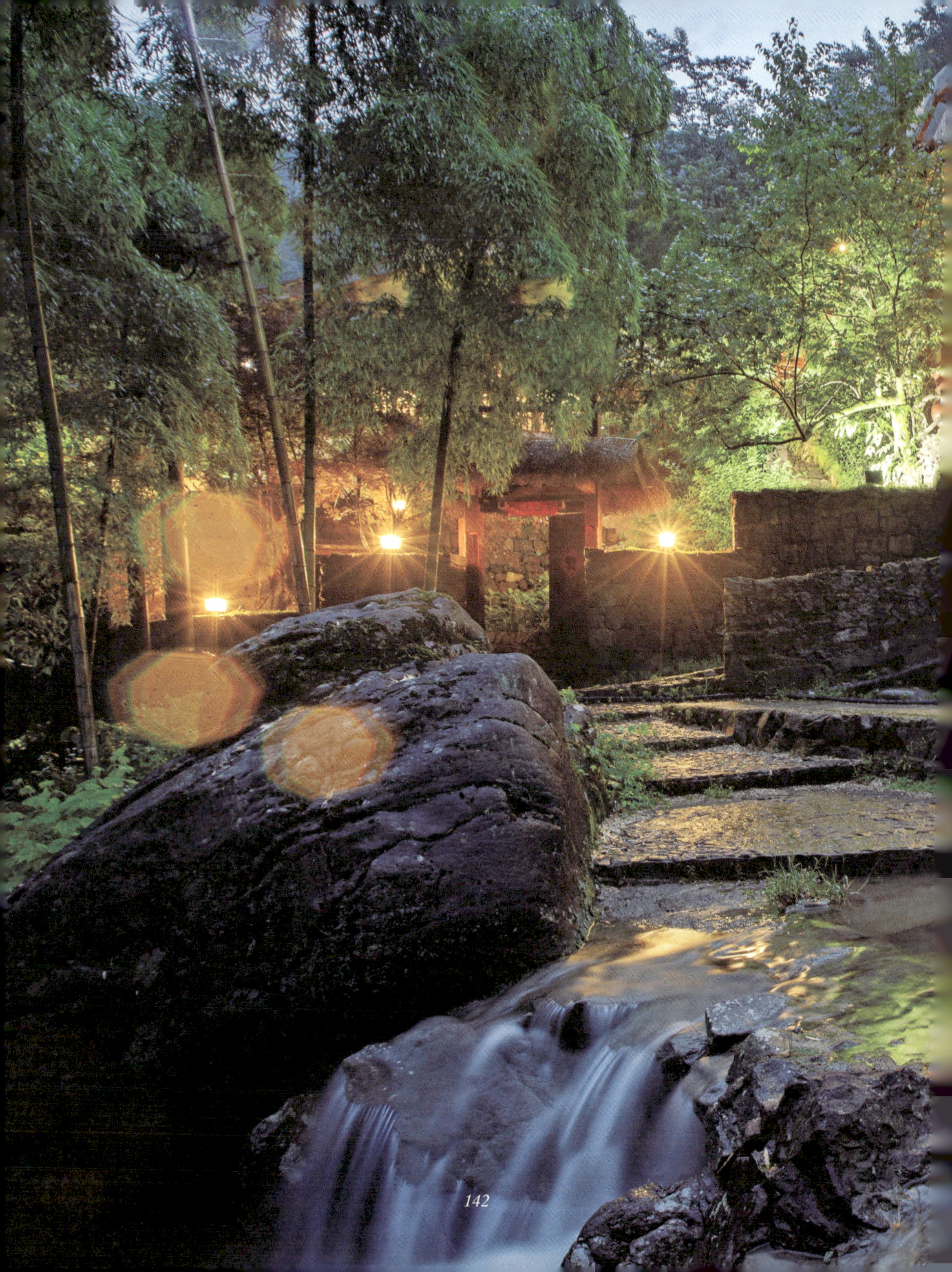

▲古道缘客栈

够宽敞舒适。各房间命名皆与古代商路有关，诸如白茶古道、茶马古道、徽杭古道、京杭运河、丝绸之路等，也算应景。

这座民宿虽讲究古意，但不陈旧落后。房间卫浴设备很到位，地暖、床品也属一流，精致的奢侈感与隐世脱俗的气息毫不违和。

木色、竹色是房间的主色调，于是多了些返璞归真的诗意，连月光也如充满故事的藏品。夜晚，四下寂静，抬头仰望一轮明月，万顷辉光洒下，竹影婆娑，古木苍苍，忽有"念天地之悠悠，独怆然而涕下"的悲凉。

事实上，个人的悲与喜都无关乎这座民宿的口碑。但居住其中，能够挑动人的情感和诗意，说明这座民宿的氛围真的到位了。

在古道缘客栈，时间变得不那么急。雨后于露台上，看远山烟雾升腾，风吹凉一杯茶。此时，最好别是一个人独处，否则，那丝相思之意必会"才下眉头，又上心头"。

住在迈岚或古道缘，都与苍山、碧树、古道为邻。

▲ 古道缘客栈

3. Rice 米家民宿中的你，很上照

颜值爆表的 Rice 米家民宿，即使在竞争分外激烈的安吉地区，也能让你第一眼便爱上它。这座山腰上的白房子，隐于自然村落之中，背靠竹山，门临溪流，闹中取静，关上院门就是独立的小天地。

Rice 米家，总会让人好奇，老板是否姓米？或者民宿的餐饮中，是否有特色的大米？抑或民宿的设计与大米有关？

很少有人能猜到正确答案。民宿主人姓邹，此"Rice 米家"，原是夫妻俩送给女儿的礼物。他们的女儿小名叫糯米，便以"米家"为名，加上英文 Rice，显得更洋气。

▲Rice 米家民宿主人和他的儿女

2018 年民宿开业，他们的儿子也出生，小名米多。于是民宿便承载了对两个孩子的共同祝愿。

Rice 米家民宿位于五鹤村徐石坞，白色的大房子静静伫立在竹海边。屋前灌木丛遮掩，木门半开，既私密，又开放。推门而入，园子里的植物正悠悠吐叶，花朵在风中摇曳。这场景，无须设计，就是一张精美的海报。

曾有人形容 Rice 米家民宿是专为拍照而生的，这话并不是夸张。一步一景的细节设计，让民宿的每个角落都格外有料。纯净的白，肆意的绿，相互交织下晕染的盎然之色，随手一拍都是画面感十足的大片。

Rice 米家民宿整体简洁时尚。进门入口处，就让人忍不住停步拍照。顶部几处镂空，接纳了自动漏入的蔚蓝天空，光线变得特别柔和，随便一站，或倚靠一株绿植，便能成景。再往里走，右侧一排不规则的墙体，红白两色分明，加上拱形的镂空阶梯，极具视觉效果。

泳池好像是高端民宿的标准配置，米家也有。蓝色的池水如宝石般耀眼，很像港片富豪家的风景。戴上太阳镜，慵懒地躺在池边的躺椅上，搭配一旁的芭蕉树，"咔嚓"一下，恍若置身维多利亚港的浅水湾。

民宿占地 500 多平方米，共有 4 层。一楼是舒适敞亮的公共区，分内、外两部分。外部装点着海岛风情，阳光、微风是最好的气氛担当；室内则是北欧风与日式风相融合，运用了大量的原木和复古元素，营造了一个沉静、文艺范的场域。这个公共区，适合孩子们玩耍，也适合聚餐、举办小型派对。

二至四层是住宿区，有 13 间客房。美中不足的是，房间以月栖、听风、无梦等命名，看似诗意，但与主题并不相合。在我看来，应该起大米、籼米、粟米等名称，用"米"系列，才对得起 Rice 米家的主题。

顶楼的无梦亲子房，拥有大窗，光线通透。室内铺陈着宜家经典的跳格子地毯，还有专门为小朋友准备的麋鹿木摇马、木房子造型衣架、小白兔懒人沙发以及帐篷。一进门看到这些，孩子们就会欢呼雀跃。

在这儿，只需要扔本书或者一套玩具，小朋友就会沉浸其中。这时，家长便可抓拍孩子自然的表情和动作，记录他们的成长瞬间。

不限制拍摄，是 Rice 米家民宿和很多民宿最大的区别。时尚的米家作为天然的摄影棚，是每个摄影爱好者的最大福利。一楼走廊的沙滩吊床，院子树下的秋千，后院门边的日式茶座，甚至民宿餐厅的靠窗一角，都是适合住客拍照的地点。更有网友罗列了米家 20 多处拍照点的攻略，真是有心了。

这家民宿的老底子，是邹先生父母居住的老房。邹先生进行了改造扩建，设计全部由夫妻俩亲手完成。从找资料、定风格，到挑材料、选家具，每一步都倾注了小夫妻建造一个理想家园的心血。

民宿落成后，父母也会时不时来小住打理，就连那只名叫云朵的博美犬也早已熟悉了这里的气息，在大厅中无所顾忌地袒露自己的肚皮，向客人们显示作为

一家之主的特权。

邹先生希望"住客到米家就像回家"。他为此特别用心，几乎每一年都要进行不同程度的优化和改造。这近乎强迫症的精益求精，确实赋予了米家民宿非同一般的生命力和新鲜感，网上对它的评价一直很高。

从开业到现在，Rice 米家便如他们的女儿一样越长越漂亮。相比早期的风格，如今的米家更加注重多元协调。墙体遵循生态取材的原则，改用更为环保的材料；合理编排灯光，实现了自然光和灯光的协调流转；外观增加了拱形结构式穿插，用复古砖点缀，增添了观赏性和丰富度。此外，米家还新增了色调、暖暖、留白三间房型，全新打造的空间氛围，给客人新的惊喜。

邹先生还在规划，利用民宿后山，打造阶梯式共享空间。到时，三五住客在竹海中围炉煮茶，小情侣在山野中呢喃夜话，都不在话下。

Rice 米家年年有新貌，即便是来过的人，也期待再次相遇。

▲Rice 米家民宿

如此青绿 SUCH A VERDANT GREEN

第四部分　小居别处

4. 去鹤岭印象，喝一杯"吹风茶"

在城市待久了，去村野小住，仿佛成了执念。

于是，位于天荒坪镇西鹤村的民宿鹤岭印象，成了这次的选择。它在半山腰上，具备山村独有的古朴和野趣。房子是老式的木结构，用具也是木床、木椅、木桌，一进门就有《武林外传》里同福客栈的感觉。

民宿主人也有佟湘玉般的热情："欢迎来体验乡村生活！短休一二天，真挺好的。"说着就过来接行李，在鹤岭印象的日子便这样开始了。

网上说，鹤岭印象老板娘"温暖大方"，看来所言不虚。也有住客分享自己的经历，说白天因为在附近景区游玩，回到民宿已错过了饭点，饿得不行，老板娘得知后，立马亲自动手做了煎饺给他们充饥。

鹤岭印象民宿总共有 20 多间房，每栋建筑都依形就势而建，尽量保存原有的自然状态，可谓奢于内，野于外。主人将安吉乡村生活的方方面面都浓缩在 3500 平方米的民宿中，当然，也包括"宾至如归"。

西鹤村的夜晚湿气有些重，好在入住时，店家已开了空调除湿。

民宿里有大床房、标间、亲子房、三人房等多种类型可选择。配套有儿童乐园、卡拉 OK、棋牌室、乒乓球室、户外烧烤、专业会议室等。除了小住独处，也满足亲子、聚会、团建之所需。

在同等位置和设施的民宿中，鹤岭印象的性价比很高。

这里靠近云上草原、将军关漂流、大竹海、余村等热门景点，因此，住店的客人最常见的就是一家几口或三五友人。住在这里，玩在周边，让一趟安吉之旅变得圆圆满满，皆大欢喜。

住在鹤岭印象民宿，每个人都有自己的排遣方式。

吃茶吹风是西鹤村本地人的生活方式。在我的理解中，坐在有风的地方喝茶，这是对小憩时光的最好诠释。民宿有一座品茶小亭，远看就是一个茅草铺，正是

▲品茶小亭

这一份古朴之意，最能满足城里人的喜好。

茶是地道的安吉白茶，形似凤羽，香气持久。透过玻璃杯，可见芽叶细嫩成朵，汤色清澈明亮。一杯茶，一本书，一个人，在这个茅草亭中默坐半晌，享受午后的熏风，自成一处忘我之境。

民宿的房前屋后都有大树，悬于两树之间的吊床也是休闲的好去处。年轻的客人便歪躺着闭目浅眠，少爷腔调十足。

晴朗的夜晚，空地上会燃起篝火。来自不同地方的人们围坐在一起，恍如从前村里节日的不眠之夜。附近村民们看到光亮，也会三三两两过来凑热闹。这时，外乡人、本地人融在了一起，不分彼此。如果有人起头唱歌，只要你跟得上曲调，不妨扯开嗓子；跟不上的，也可击掌打节拍，摇身相和。

音乐顺着火光烟雾，流向头顶星辰，再化作点点星辉，洒到每个人身上。这个晚上，留下的是一首熟悉的老歌，更是一段挥之不去的记忆。

如果不喜欢热闹，鹤岭印象的夜晚也适合观星。高山离天近，没有灯光的干扰，常常抬头便能看到北斗七星。民宿的露台很开阔，若是仲夏夜，点一杯老板

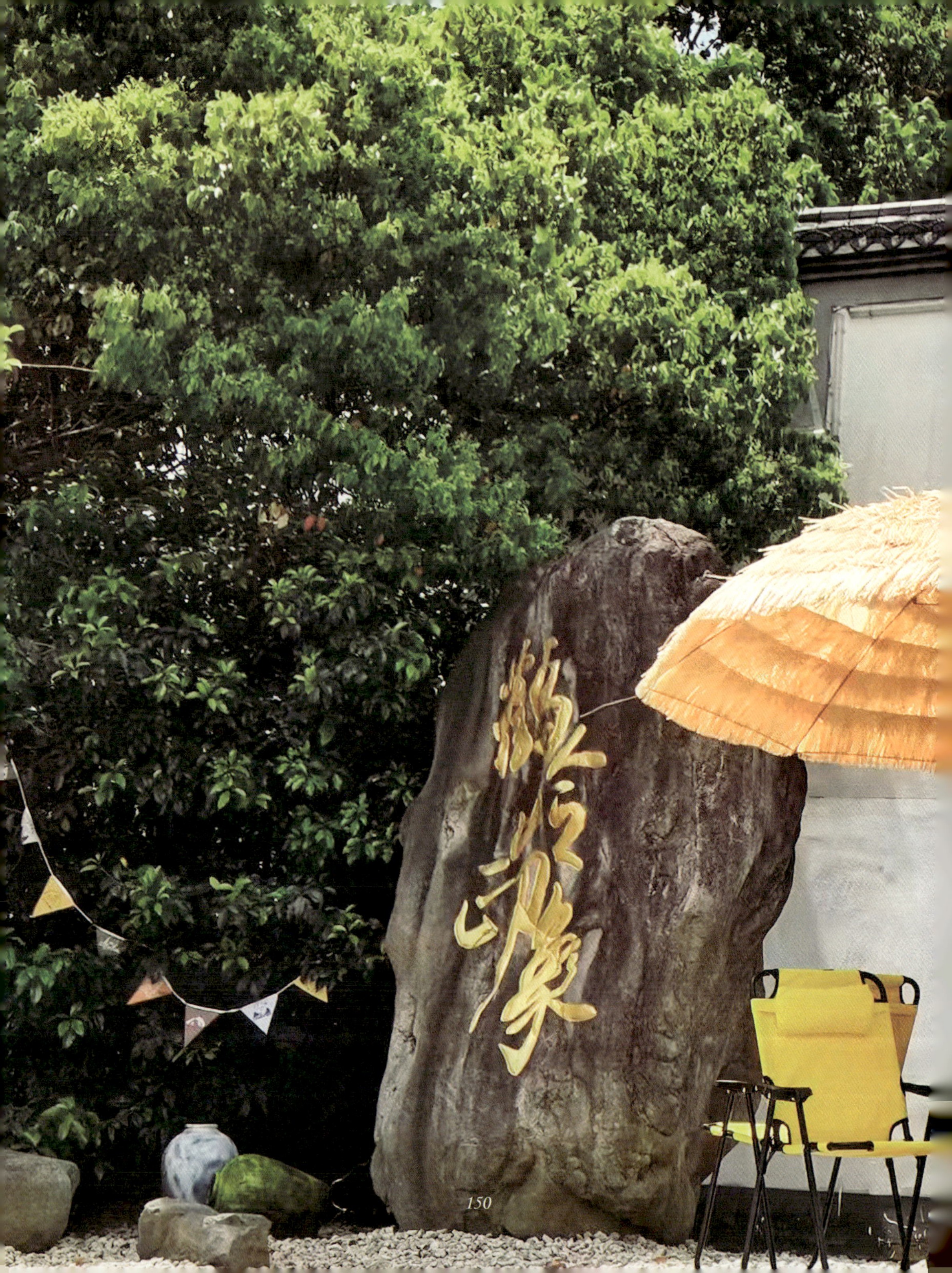

▲鹤岭印象民宿

娘用自种的薄荷调制的莫吉托（Mojito），配上几块冰西瓜，安静地等待萤火虫的光临。看点点微光飞舞，伸手便可触摸，美得更像是幻境。

▲古朴的木制长桌

民宿的菜园子里，生长着丝瓜、西红柿、青菜，足以自证乡野的洒脱豪气。待到成熟，这些"当地鲜"会被主人摆上餐桌供住客品尝。在这里，"纯天然"是无须贴标签的，自给自足的样子，就摆在那儿。

早上起来，民宿为客人准备了家常的清粥、油条、米糕，搭配腐乳、笋丝等小菜，一如母亲为你准备的早点，很简单，也很温暖。

特别要说一下这里的腐乳，那可是老板娘亲手制作的，比商店里买来的不知道要好吃多少倍，只要尝过的人都会记忆深刻。不少客人在离开前会带走几瓶，毕竟独此一家，其他地方想吃也买不到。

中餐有竹林鸡、炸小鱼、蒜蓉虾、裹了笋丁的狮子头、手撕包菜……都是主人精心提供的当地味道。

到山野寻找一份宁静，是不少旅人来鹤岭印象的目的。其实当地人也很喜欢这家民宿，即便自己家住在附近，也总是有事没事来这里小坐。

村民清晨去地里干完活，顺便去民宿吃顿早饭，偶遇同村人，热情地打个照面，在悠长的乡音中，生活变得亲和起来。

5. 江南天池度假村：适合大雪漫天的季节

大雪漫天的季节，特别适合住江南天池度假村。

雪天的山是迷蒙的，沿着 18 千米盘山公路蜿蜒而上，犹如进入神奇的天路。雨刮器规律地扫去碎雪，路像被拉长，一个弯后面永远还有另一个弯。大胆将窗户摇下一半，山风便裹着湿冷的雪片扑面而来。

车辆不停上升，耳膜已被压得发紧。在海拔 836 米处，终于到了此行的目的地——江南天池度假村。

下车的时候，明显感觉山顶比山脚冷许多。度假酒店四周的群山、竹林，皆因雪而陷入沉静。厚厚的雪层聚积在山的顶端，嶙峋突兀的岩石此刻也变得柔软了。旁边就是那座知名的天荒坪抽水蓄能电站的上水库，原本碧绿的水，在这个季节变得白茫茫，上有雾气蒸腾。

▲ 天荒坪盘山公路

▲ 江南天池度假村

但山顶依旧热闹，来此度假、赏雪、滑雪、泡温泉的人络绎不绝。冬季的天荒坪，自有它吸引人的别样风光。山顶雪季气温在-18℃到0℃，能形成冰瀑、冰柱等美丽的冬季景观。远眺，果然是"银装素裹，原驰蜡象"。

天荒坪上有一个滑雪场，有着"小瑞士""江南亚布力"等美誉。南方人很少见到雪，难得下一两场雪，也常常因城市的热岛效应积不起雪来。因此，去高山"追雪"，成了冬季旅游的乐事。

玩雪是此行的主题，入住之后，就迫不及待出门了。

滑雪场依势而建，设有高、中、初各级滑道，以及儿童雪圈道及嬉雪场，占地数万平方米，以山峦翠竹和天池巨大的水面为背景，十分壮观。

到了雪场后，先领滑雪鞋和雪板，然后租柜子放个人物品，再租滑雪服、头盔、护具等行头，当然要另外付费。这里最适合初学者，现场有专业教练指导。如果你身体平衡能力强，加上有悟性，不用多久，就可以独立行动了。

▲滑雪装备

第一次滑雪，免不了摔跟头，如果老摔的话，裤子、袜子很快就会变湿。因此，一定要多带一双袜子和一条裤子备用。

雪场是拍照的好地方，漫野的雪地就是一个大型反光板。除了滑雪，你可以在这尽情拍拍拍，怎么拍都好看！

在冬天的江南天池旁，远来的游人们堆雪人、打雪仗、坐雪地摩托、学滑雪……陶醉天地之间，每每有意外的惊喜和收获。

  人们在此挑战自我，激情飞跃，仿佛回到了童年。当然，也有不滑雪的朋友，在周边观看别人摔跤的狼狈样子，笑个不停。

  雪天中的江南天池度假村沉稳肃静，的确已不年轻了。从 2007 年开始，它历经几度春夏秋冬，见证无数批少年变成了青年。

  即便如此，它依然有足够的气场，作为江南天池景区内唯一的大型宾馆，日复一日地接纳着每一个抵达的客人，如同周到的长者。

  度假村有不少房间，总数超过百套。旁边还有多幢欧式木屋别墅、太空驿站，是近年新建的，也是可出租的住宿空间。餐厅有西餐厅、中餐厅，以及多个包厢，可容纳 400 多人同时就餐。四楼还有一个逸静茶室，玩雪回来后，人们呵着双手，坐在这里喝杯热茶，倍感温暖。

  雪天沐温泉，最是舒适。高山汤泉城是江南天池度假村的温泉浴场，在酒店不远处。这儿的温泉成分很特别，属碳酸泉，冷泉加热后分子结构不会改变，矿物质及微量元素被很好地保留了下来。因此，汤泉城的温泉水被誉为"心脏汤"，说是对心血管养护很有好处。

  温泉内有游泳健身区、养生休闲区、中药理疗区、峡谷风情区、美肤焕身区，共有各色汤泉近 50 池。泡在山顶的暖水中，仰观银白世界，如在仙境。

▲ 高山汤泉

  有些人来山上，不是住店，单为享受温泉而来。如是天池度假村的住客，去温泉沐浴，能享受特别的优惠价。

6. 在天文酒店里数星星

浩瀚的星空，如果被设计师"搬进"现实，该有多浪漫？

云上草原的 1168 星空天文酒店，就是这个样子。这是国内少有的星球主题酒店，名称中的数字，就是酒店的海拔高度。置身其中，高山云海，尽收眼底，宇宙星辰，触手可及，堪称高山上的"空间站"。

这家酒店外部看似普通，实则内藏乾坤。穿过树荫道进入酒店大堂，惊喜就会扑面而来。入眼星球遍布，星河闪耀，感觉一下子从远古穿越到了未来。这种一门之隔的视觉差异，给人《铃芽之旅》般的虚幻之感。

▲天文酒店全景

办理好入住，客人会收到一个专属的腕带房卡，这是作为"星际旅客"的凭证，很有仪式感。

1168星空天文酒店建筑面积有12000余平方米，共有客房111间。客房以太阳系八大行星为主题，完美复刻了各个星球独特的色彩和状态，打造出充满想象力的独立空间，整个酒店就是浓缩后的太阳系行星组合。

所有主题房错落有致。在装饰设计上，将各大星球的刚性线条、原石肌理、不规则坑洞等质地特写，镶入自然流动的弧形内壁上，从橙红色的火星到湖蓝色的海王星，无不精妙呈现了行星的原貌。

在房间参观了一圈后，不得不佩服设计师的"脑洞"。空间色彩的组合，充满了神秘感，随处可见的原始洞穴，仿佛在探秘外星球上的部落。这份迷离，不仅让小朋友跳脚拍手，连爷爷奶奶都忍不住啧啧称赞。

▲ 星空房

现在，让我们看看金星、木星、水星、火星、土星、地球、天王星、海王星八大星房间都有些什么特色吧！喜欢哪一款，入驻即可瞬间"移民"这个星球。

火星主题房。战神火星希腊名阿瑞斯，后演变成玛尔斯，被视为尚武精神的化身。这颗行星干燥如沙漠，因此房间墙壁是焦红色的赤铁矿风格，粗糙的岩石和陨石坑样式，让房间整体看起来极为有趣。

金星主题房。在希腊神话里，金星是爱与美的化身。房间设计以黄白色调搭配局部金色，辅以条状深浅肌理，打造了一个洋溢着轻奢质感的浪漫空间，是情侣约会的不二之选。

地球主题房。原石色的地球母星主题设计，来源于传说中的亚特兰蒂斯文明。这里被打造成一处地下宫殿，床头的海蓝色光幕时刻变幻，周围原木质地的装饰，也有一种沧海桑田般的美感。

水星主题房。水星的守护神是赫尔墨斯，是众神的信使。该主题房以灰色调、抽象心形图案和刚性曲线模拟了水星表面的纹路，以及星罗棋布的大大小小的环形山。

木星主题房。木星是太阳系八大行星中体积最大、自转最快的行星，在希腊神话里，它代表众神之王宙斯。木星主题房设计以橙底白条纹色调、圆形和椭圆形线条勾画出这颗慷慨的帝王之星的样貌。

土星主题房。土星可不"土"，土星主题房展现的是一种不拘边界的雅致，打造了一个灵活、极富腔调的空间。

天王星主题房。作为一颗气态巨行星，天王星是太阳系大气层最冷的行星，是古希腊神话中的天空之神，在占星里代表着反叛、创意、不可预测。故此，设计师以淡蓝色打造了这个充满不确定感的空间。

海王星主题房。这是一颗需要借助天文望远镜才能看到的气态行星，其大气层中含有微量甲烷，呈淡蓝色。在希腊神话中，它是海神波塞冬，寓意消除所有边界的唯美幻想。这个房间用粉末状来展现它的混沌之美。

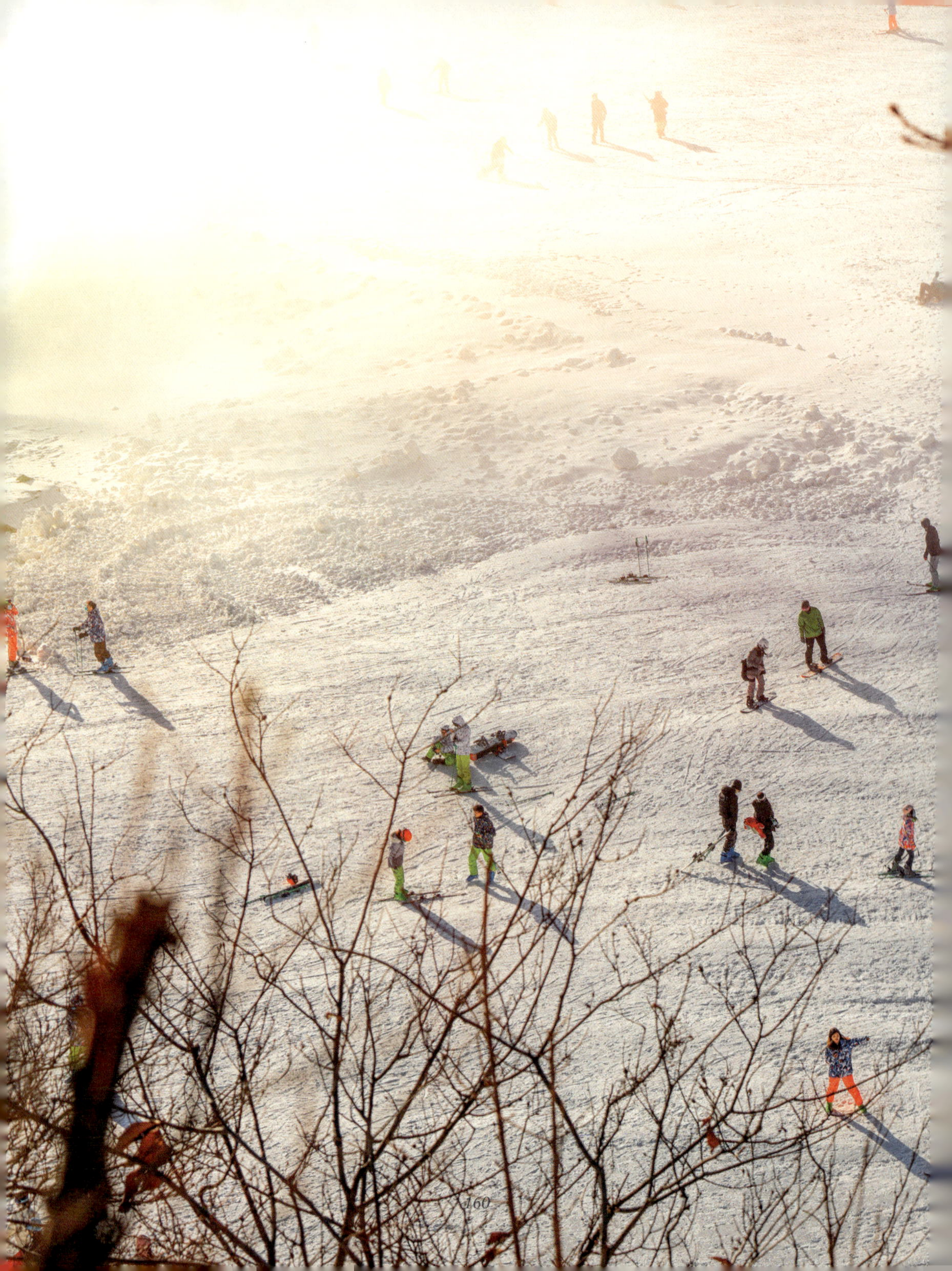

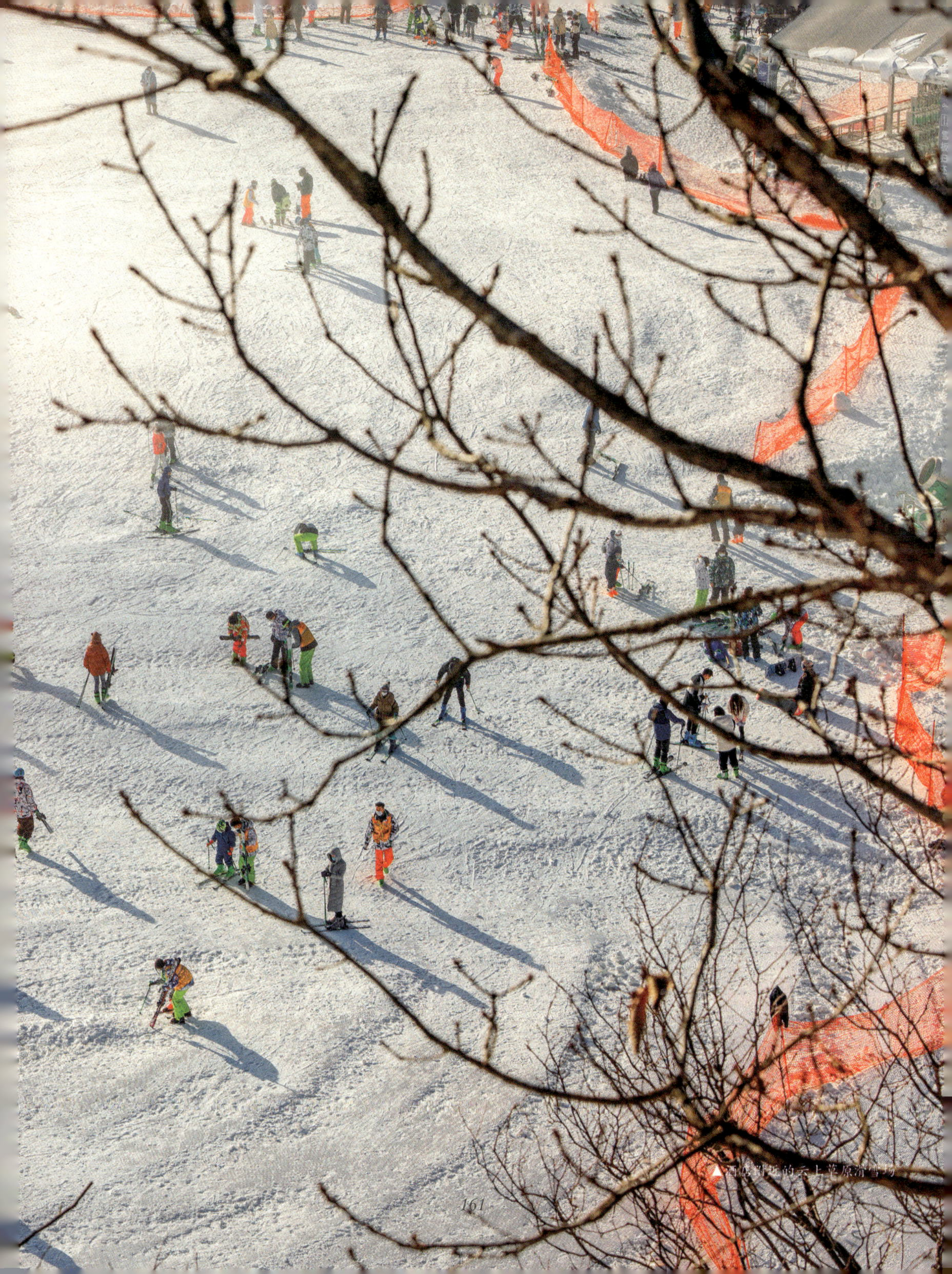

▲西安周边的云上草原滑雪场

入住 1168 星空天文酒店，即便是最黑的夜晚，也总有"繁星"做伴。每间卧房内都装有 LED 星空灯，打开灯，就能看见流星划过头顶。在寂静辽远的银河笼罩下，入睡变得异常简单，梦可以飘得很远。

当然，想要看到真正的星星的愿望，也可以被满足。观星房有全场最佳的观星点，在这里看浩瀚星空，天际辽阔却并不孤寂。窗内窗外是两个不同却又连接着的世界。那是一种我遥望星辰，而我亦在星辰之中的奇妙体验。此外，每间房内都配有天文观测台和观测窗，足不出户，也能实现看星星的愿望。

酒店二楼有一家全日制自助餐厅，融合了自然、森林、童话元素。恐龙蛋壳包裹的半开放式卡座，树木围栏圈出来的公共开放地，星球样式的奇幻吊灯，种种设计都非常有艺术氛围。中餐和西餐都有，孩子们能在逼真的恐龙蛋壳里吃一顿晚餐，做一回原始森林里的居民。

1168 星空天文酒店是云上草原的官方酒店，游客入住还可享受游玩景区的贵宾待遇，比如入住期间无限次入园、索道免排队、景区接驳车随叫随到等。云上草原内的悬崖秋千群、天空之阶、彩虹滑草、空中自行车、飞拉达·悬崖穿越、悬崖蹦极等项目也可免排队畅行。

冬季入住，又是另一番感受。推开门窗，雪白的天地一望无垠。对着天空呵一口气，瞬间就凝成冰。室外的滑雪场比江南天池的更为宽广，你可以体验一遍遍摔倒又立马站起来的酣畅，连身上的碎雪都不必掸去。

如果怕冷，躺在床上也能目睹冰雪中的童话世界。山岚、白雪、阳光，在极致的外太空氛围中感受天地的自由，这又是另一份浪漫。

7. 除了"大年初一",更有"年年有余"

　　在儿时的记忆中,大年初一是最为重要的日子。那是可以穿新衣服、可以去各家串门、可以暂时不受父母约束的一天。

　　这样的记忆刻录于每个中国人的脑海中,以至于听到安吉有一个酒店叫"大年初一"时,思绪便会翻回到某个新年的第一天,甚至心中还略有不忿之感,好像自己的那份美好被别人侵占了似的。

　　大年初一度假村坐落于天荒坪镇山河村,是一处明清四合院式建筑群,有客房千余间。它和那家在电影《非诚勿扰2》中出现的三亚鸟巢度假村是姊妹酒店。两家最初都是同一个投资方,各有千秋。

　　酒店的开发者是安吉本地人,可能是因为对家乡大年初一的记忆,便把这座规模宏大的酒店定名为大年初一,其中不乏浓浓的乡情。

　　大年初一度假村的1100个房间蔚为壮观,在长三角地区都是凤毛麟角。开业以来,客房入住率一直居高不下。这个庞大的建筑群被划分为多个街区,名称也很接地气。比如芦花村,属于临水别墅;杏花村有四栋多层客栈,专门接待团队客人;桃花村和梅花村属于江南四合院风格,适合家庭度假。

▲ 大年初一度假村

▲ 大年初一晓假桥

浒溪是天荒坪镇的母亲河，大年初一度假村将这条溪流作为主线，贯穿整个建筑群，复刻了江南村落的风景——小桥流水人家。度假村运用借景的手法，将村后的青山、村旁的流水引入，如杜甫诗云"名园依绿水"。

大年初一度假村充满国风韵味，度假村内的廊桥亭台也延续着传统命名。比如立春桥，用二十四节气中的立春命名，此桥垂杨临水，虚实相映；另一座品水桥，旁有幽篁丛出，老树斜倚；还有九曲桥，桥分九曲，曲折迂回，人行其上，宛若凌波渡水，构成一幅极为空灵的图画。

亭台也是如此。观鱼亭，亭角翼然出绿竹间，周围多山石，蕴藉多姿；流连亭四面敞开，人坐其中，四顾皆景。在此凭栏远眺，远山楼角皆入眼中。这些小品建筑的格局，堪与苏州园林媲美。

度假村内的房间都临水而建。别墅流水在侧，优雅不群，暗藏奢华之境；合院依水而居，宁静致远，自成内部循环。

度假村主餐厅以"画舫"为名。游客在此就餐，如坐在画舫之中，可浅斟低酌。除了画舫餐厅之外，还有山外山餐厅、春雨自助餐厅、紫竹餐厅、美好时光茶餐厅等，口味俱佳，各有特色。

作为旅游酒店，现代的配套设施当然不可或缺。水一方是一个恒温游泳馆，圆形的外观让它在整体建筑中凸显了独具一格的气质。馆内有智能泳池管理系统，在确保池水净洁的同时，能提供一年四季的恒温服务。

大年初一度假村里，春有桃花、杏花、梅花，夏有荷花、睡莲、紫薇，秋有芦花、桂花、银杏，冬有蜡梅、山茶，简直就是一个大花园。

度假村的每栋屋檐下都挂着大红灯笼，感觉这里每天都是大年初一，就连房间的门卡也是放在一个红包里的，带着浓浓的传统年味。

2020年，余村西侧的年年有余研学中心正式开张，这是大余村范围内另一个综合性度假酒店，与大年初一度假村颇有呼应之意。

年年有余，是中国人讨彩头的说法，希望自己和别人在　年的生活中都能够有富余。研学中心以此为名，就是寄托着人们这样的心愿。其中也蕴含了另一层意思，那就是共同富裕，让所有的中国人都年年有余。

余村作为"绿水青山就是金山银山"理念的诞生地，每年有全国各地的党政干部前来参观考察，研学中心就是为此配套建设的。

这座酒店型的建筑，占地面积约3.3公顷，隐于山川溪水之间，环境幽雅，所有的建筑都围绕"绿色生态"主题展开。

年年有余研学中心既然以研学、培训为主题，空间结构自是有别于其他酒店。它的内部设有1个可容纳450人的报告厅，1个可容纳160人的阶梯教室，2间可容纳100人的教室，6间可容纳60人的教室，另有研讨室13间。此外还有学员餐厅2层，能同时容纳500人就餐。开业以来，已接待过多个省、市、县代表团在此举办研学活动。

在余村的绿水青山中，年年有余研学中心的室内设计风格倍显温馨典雅。客人可在房中学习，也可在自然山水中思考，"治愈"气十足。

研学自带修身养性之功。在年年有余研学中心，闲庭信步，可见回廊曲折；步入房舍餐厅，可遇学友同修；走进书吧，可端坐轻诵。每刻，都岁月静好。

抛开研学的性质，年年有余研学中心完全是一座度假酒店。不仅环境好，而且配套很完善，五星级酒店管家式服务可为入住者提供周全的实时响应。

▲ 年年有余研学中心

8. 小隐半日，上瘾一生

来到小瘾·半日村，已是黄昏。一个圆弧形的谷仓，藏在拐角处，这是度假村的游客接待中心。推门而入，三角形的窗户颇具设计感，木色的桌子上摆放着入村登记表。室内未开灯，光线从窗外照进，柔和而宁静。

小瘾·半日村，位于安吉灵峰度假区的横山坞村内。横山坞曾是一个破败的空心村，后来经过整体规划和改造，取了个有文化的新名字。

有人问，小瘾·半日村，什么意思？

在我看来，"小住成瘾"即前缀"小瘾"的释义，谐音"小隐"，也有"小隐隐于村"的意思。而后缀"半日村"，也有两层含义：其一出自"偷得浮生半日闲"，其二大概源自昌硕故里鄣吴村，鄣吴就有"半日村"的别称。那是安吉文化积淀最深厚的地方，除了本地人，外人可能不了解。

可别小看这个"半"字，其中隐含的内容十分丰富。半醺、半饱、事半功倍……都是很美好的状态。中国人嘛，特别讲究"过犹不及"。

如今的半日村，是一个集民宿、特色餐厅、艺术街市于一身的时尚村落。村中共有建筑 70 多幢，是全国第一个空心村改建成功的项目。入口处写着一句话："未来最大的奢侈品就是乡村生活。"行文中颇有些自信。

沿着村道一路进入，山地缓慢起伏，村内树木浓密，各色民宿及店铺坐落在山的斜坡下，依势布局，可谓一步一惊喜。

晴堡轻奢亲子民宿，临水而建，景色旖旎。两层圆形建筑，一层是咖啡、图书空间，音乐柔美，正有几个年轻人在搞生日派对；二层是五间各有特色的全智能客房。在这里，还能参加非遗手工 DIY 活动。

"苔痕上阶绿，草色入帘青"，是帘青花园餐厅名称的由来。这是一家混搭了东南亚和安吉本地风格的度假酒店。用灵峰山上的棕榈做顶棚，大量采用落地玻璃窗，让窗外的每一片绿色与室内交融，能勾起故乡的回忆。

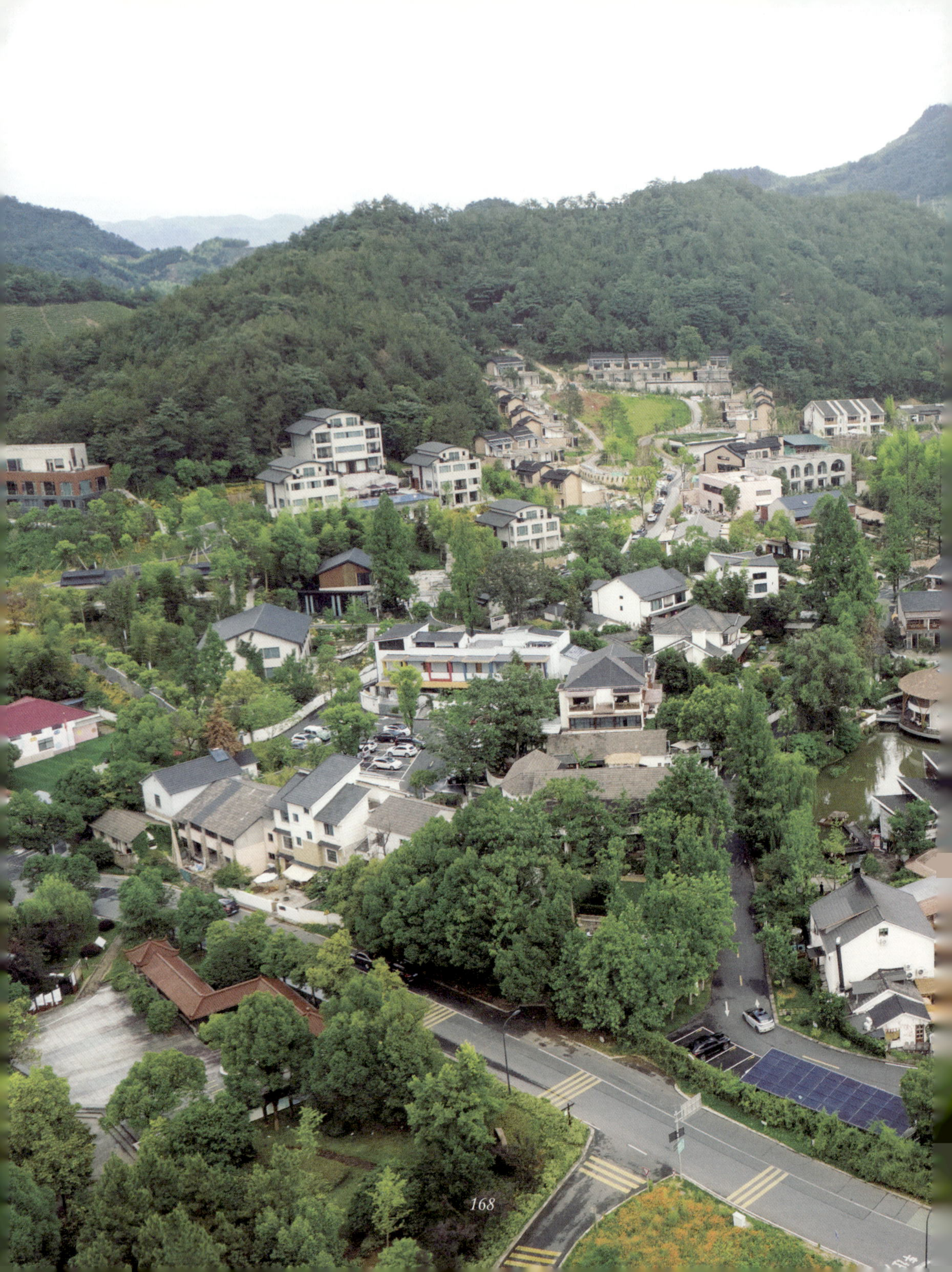

▲ 小瘾·半日村

▲ 小瘾·半日村

黄妈妈家宴主打安吉特色菜，所有的菜都不加鸡精，追求菜品原始的味道。店主拥有自家的有机蔬菜基地，可从源头上把控食材品质。在这里用餐，有小提琴音乐伴奏，打开窗子的刹那，琴声便飘扬到半空。

　　不染美学艺术空间是一家画室兼马场。这里汇集了绘画、展览、手作、文创、茶文化、马术等项目，同时承接各种团建、艺术研学、亲子活动，致力于打造一家贴近生活的、有温度的、有趣的美学空间。

　　半日村37号是无外民宿。庭园和房间，是统一的侘寂风，所陈列的物事都带着一种中和沉静的灰色或暗褐色，更带着岁月沧桑和古朴。人处其间，仿佛游弋于虚实之间，不可名状。

　　朝花夕舍也是半日村中好评不少的民宿。入口处有一小片茶园，供民宿客人品赏，每年出产的茶叶也供客人饮用。主人吴姐烧得一手好菜，开张后生意就特别好，不少城里人开车来，就为了在这里吃顿饭。

　　主理嘉草小院民宿的是一对闺蜜。"嘉草""嘉木"说的都是茶，在半日村，她们约定，一起做白茶，一起开民宿，一起养老。

　　在这个村落中，还有千层千线布鞋工作室、国风旗袍直播店、红星空间生产队等，一听名字，便觉得很有特色。

　　如果去半日村，有几个地方特别值得推荐：

　　在言叶之庭的白墙旁探访；

　　在柿木下小店做个陶艺；

　　到果酱家小而美咖啡馆喝杯咖啡；

　　沿着山坡向上缓行，到半日闲·朴宿大草坪上小坐；

　　……

9. 露营，也是一种"小居别处"

这几年，年轻人最火的旅游方式，莫过于露营。

露营是什么？简单说，就是在野外过夜。在广阔天地中，找一处合适的地方，支起帐篷，或停下房车，度过一个或者多个夜晚。

有人说，露营不仅是一种旅行方式，而且是一种生活美学。

这有一定的道理。久居城市的人们，很容易忘记大自然的样子。而一场露营颇能让人贴近自然，感受天地之气。在山水中品味人间烟火气，在天幕下谈情说爱，在篝火旁听一场音乐会，都是绝佳的放松方式。

露营是年轻人主动创造的"游戏"。渴望与自然连接是人的天性，而露营就是存在于城市生活与大自然之间的"第三空间"。移动的帐篷驻扎在哪儿？露营场景的风格是什么？这一切都由你自己决定。

或是去往城市边缘，寻一片山间的草地、湖边的树林；或是去海边的沙滩，在椰林下，看海风呼啸，看海上日出。一日晴空、一片草地、一顶帐篷、一壶咖啡，约三五好友，就能打造一个属于自己的乌托邦。

安吉境内茂林修竹，绿意盎然，空气新鲜，特别适合逃离城市，享受一份短暂悠闲的微度假生活。来这里露营，可以有多种选择。

在大余村境内，就有很多个适合露营的地方。五鹤村树景坞的路隐那森自然营地就是其中之一。

树景坞的梯田很美，所以这个营地也叫竹林梯田营地，位于村中的山坡上，沿着梯田，从上到下，错落排列。有建好的几十座帐篷，也可以自搭帐篷露营。帐篷呼应延绵的山脊线，规模相当壮观。

看到"站在山巅与日月星辰对话，潜游海底和江河湖海对谈"的标语，就明白基地到了。山水、庄稼和花树共筑出营地周边丰富的景观，外围还有几个稻草人。田园，这就是田园！此刻在心底，往往会默念这一句。

到达营地，可以先喝个下午茶。套餐包含香草芝士欧包、水果盘、红薯片、

▲树景坞逃离城市野奢露营地

坚果盘、焦糖海盐爆米花等美食，瞬间有满足感。饱腹之后，便可以去玩乐了。营地四周视野开阔，适合足球、飞盘、射箭、风筝等户外活动。

附近有竹筏漂流，伴着晚霞，在水上拍照，氛围感十足。

小伙伴已经准备好烧烤晚宴，露天下，一边吃烤串，一边看电影。当然，你也可以静静地坐在田埂上，任由微风轻抚，思绪万千。

夜深时，入帐篷道晚安。路隐那森自然营地的帐篷房很高级，提供了全配套的屋内设施，有舒适的气垫床和独立卫生间，俨然一个"奢华酒店"。

帐篷前的灯亮起，梯田的浪漫线条绵延着融入夜色。夜晚的树景坞格外静谧，从山上流下的小溪，叮咚如琴声。两岸长满菖蒲与青苔，散发出淡淡幽香。伴着水声和兰草香入眠，自有一种世外桃源的悠然之气。

▲路隱那森自然營地

在自搭营区，也可以搭建简易帐篷，回归原始状态。在梯田旁，这样的夜晚，你可以安心做一个"归去来兮"的梦。

位于余村矿山遗址公园的露营基地，完全是另一种风格。

这是一个由废弃矿坑改造而成的基地，背靠岩壁，地面被碎石铺平，用天然大石头镶嵌出来的蜿蜒小道，悄然通向矿山深处。这个地方就像远古时期人类祖先的洞穴，为露营者构建了一个易守难攻的住所。

帐篷将天然的野性与居住地的温暖融汇在一起。在这个矿坑中，原始的粗糙只是它的外表，事实上，这里的露营设施配备相当齐全。

矿谷里的落日很美，到了晚上，露营地常常举办现场演出。音乐的律动也为露营添了几分色彩，夜间彩灯所到之处皆是舞台，帐篷旁的场地就是大家的灵魂后花园，在弹唱中，美妙的旋律在空谷间久久回响。

在矿坑里露营，关上帐篷就是家。而四周笼罩着的山体，是一个更大的帐篷。在这里过夜，你可以放下一切，安全感满满。

▲ 矿山遗址公园露营基地

▲ 银坑村时光咖啡馆

第五部分
PART FIVE
转角处的惊喜

未来乡村是什么样子？在大余村，你能找到答案。

且不说万亩竹林摇曳如碧波，一条溪流在村庄中穿行流淌，古朴的农居与绿树鲜花相掩映，五彩田园散发出阵阵幽香……单是在村落中的某个转角，你就可能发现隐藏于其中某处让人兴奋不已的"小确幸"。

"洒落"于大余村中的山乡，不再是"落后"的代名词。在这里，你确实能够体验到一些非同寻常的经历，闻到城市里闻不到的清新空气，遇到一些有意思的人。这片大地上每分每秒都有惊喜，不去走走实在是可惜。

虽然你不是王子公主，但应该相信童话世界依然存在。去大余村的各处看看，你会知道，浪漫童话，就在那里等你。

1. 烧烤与啤酒，一个声名远播的欢场

2023年旅游界的顶流非淄博烧烤莫属，那烟火气吸引了全国的目光。趋之若鹜的人其实并非真好那一口，赶一份热闹罢了。

事实上，早在若干年前，安吉的天荒坪烧烤就成了一个品牌。每逢周末，上海、苏州、杭州等地的城里人会开车几个小时，到天荒坪镇吃一回烧烤，在绿水青山间，享受饕餮盛宴。

整个天荒坪镇，20年前就是声名远播的烧烤欢场。

这里的烧烤是云南风格。为什么？后面再说。

店里的厚切五花肉最受客人喜欢。五花肉细嫩厚实，在野性中充满秩序。烤到肉片略卷，颜色金黄，外焦里嫩，逐一翻转——像一场即兴演出。

这时候，即便饥肠辘辘，也要稍作等候，等架上的肉吱吱冒油了，再把云南特色的蘸料浇上去，混合着油脂，香味四溢。

蘸料由十几味调料调制而成，每家烧烤店都不一样。虽然天荒坪的云南式烧烤店有好多家，可就是这碗蘸料，透露了是否正宗的秘密。桌上还放着芫荽末、辣椒粉等调料可自行选加。其中韭菜是烧烤中堪称百搭的存在，和肉类烤在一起会减少本身的刺激味道，别有一番风味。

除了肉串，人们还喜欢吃烤生蚝。生蚝味道鲜美，两片贝壳一大一小，撬掉小壳，剩下大壳，就是一个完美的容器。一经加热，蚝肉会渗出汁水，加入蒜蓉，可以激发生蚝的鲜味。

烧烤配上啤酒，最能助兴。几杯下肚之后，大家便开始高谈阔论起来。烧烤摊上，有带着醉意互相碰杯的，也有一起高声唱歌的……工作和生活的烦恼，皆在这热热闹闹中消失得无影无踪。

天荒坪的烧烤史，可以追溯到21世纪初。

独树一帜的烧烤方式，与天荒坪蓄能电站的建设者中有大批来自云南的工人

▲ 天荒坪烧烤

有关。正是这座曾经亚洲第一,世界第二的蓄能电站,成就了江南天池的美名,也成就了天荒坪烧烤这个美食品牌。

天荒坪镇原名山河乡。1992年6月,天荒坪抽水蓄能电站工程启动后,全国大量的建设者来到这边。为做好后勤基地服务,那年8月,经省人民政府批准,山河乡撤乡设镇,以电站上水库所在的山峰为名,定为天荒坪镇。

天荒坪镇各村均有工人居住,一时间,大小村落都是"七长八短汉,四山五岳人",外来人口数量甚至超过本地人。

经过建设者们8年奋战,蓄能电站于2000年12月底全部竣工。

请注意这个关键词"8年"。8年,可以造就一座180万千瓦的蓄能电站,也可以影响一个地方的饮食习惯。

建设工人中最多的是云南人,他们驻扎在天荒坪镇横路村。因为工程周期长,

▲ 天荒坪烧烤

不少人都是拖家带口来到安吉，顺便也将云南的饮食习惯带到了这边。男人在工地上挥汗挣钱，女眷自然要顾好他们的吃食。

家乡的味道最是暖脾胃。于是，女人们在家准备好食材，等到男人下班后，几家人便聚在一起烧烤，用家乡带来的调味料烹制美食。

云南式烧烤，大伙围坐在一张特制的桌子边，中间放炭，上层是铁丝网，烤上各种食材，周围则摆放酒水蘸料。其中，土豆是他们的最爱，一麻袋一麻袋买回家，可煮可炸，当然也能烤，蘸上调味料，特别有满足感。

时间长了，不少本地人也成了他们的朋友。招手相邀，便一起坐下，边吃烧烤，边聊着日常琐碎，快乐的日子就这样简单。

烧烤和啤酒，浸润了安吉人的味蕾。而这种众生平等的围坐餐饮，也让人倍感亲切。慢慢地，横路村本地人学会了这种方式。当云南的朋友离开的时候，他们的饮食方式催生了天荒坪烧烤。精明的安吉人还发现了其中的商机，大大小小的烧烤店到处开花。

安吉人爱吃也会吃，在此后20多年的时间里，云南这种特有的烧烤经过本地改良，味道更加让人"爱不释口"，并逐渐形成了一个特色产业。现在，不少天荒坪烧烤店已经开到城里，甚至更远。但还有很多人愿意不辞辛苦，开车来天荒坪镇，品尝最地道的云南式天荒坪烧烤。

在横路村，几幢当时外来工人居住的工房还在。虽然长期无人打理，但墙上依稀还能找到些当年天荒坪电站施工局留下的痕迹。

▲天荒坪电站施工局旧址

2. 中山酒楼，烟火味里的往事

▲中山酒楼

大溪村的中山酒楼，是一家"见过大世面"的农家乐。时任浙江省委书记习近平同志两次来安吉考察，都在这儿用餐。

十几年后，老板谭江洪仍清晰地记得当时的情景：

"那天，我陪着他走到二楼，边走边聊。他详细询问村民的就业和收入情况，还问了我好几个经营方面的问题，问得很细。

"得知我的农家乐做得很红火，他很高兴。菜很简单。萝卜烧肉、咸肉炖笋，还有一个是我们农家常做的山木耳炖豆腐。"

夫妻俩决定把农家乐好好经营下去。这一开，就是十几年。

大溪村是一个农家乐非常集中的地方。这份红火，也和20世纪90年代天荒坪抽水蓄能电站建设聚集了大批外来工人有关。

电站开工后，大溪村也成了国内外专家和工人的驻地。时间久了，人们吃腻了食堂饭菜，想换换口味，便找上了当地农家。村民因此发现了商机，便开起农家乐，此后相互模仿，政府也有心扶持，越开越多。

这个世界级的水电工程也改变了天荒坪镇的交通，一条高等级公路将村落与外面的世界联通起来。山门打开了，生意也就来了。很多城里人都愿意开着车子，来这边尝尝山里农家乐的味道。

中山酒楼在大溪村的道路一侧，门前有一条小河。

1999年，安吉大力扶持农家乐，在大溪村开展试点。彼时正在县城快餐店上班的谭江洪夫妇觉得这是一个机会，便决定回村经营，利用家里的自留地建成了这座三层楼房，取名"中山酒楼"，成为大溪村第一批农家乐。

第二年的 4 月 8 日，中山酒楼正式开门迎客。

习近平同志第一次到中山酒楼，是 2003 年 4 月 8 日，正是酒店开业满 3 周年的日子。2005 年 8 月 15 日，习近平同志再次考察余村，也到了中山酒楼。熟人相见，分外亲切，这两次见面成了谭江洪夫妇心中永恒的记忆。

来中山酒楼用餐的客人，大多会点这样一份菜单：萝卜烧肉、咸肉炖笋、山木耳炖豆腐。而这三样，也成了店里的招牌。

萝卜烧肉用的是白萝卜和五花肉。煎制过的五花肉没有多余的油脂，配冰糖一起翻炒后，放入八角、葱结、生姜，去腥增香。加水和白萝卜咕嘟咕嘟煮上几分钟，不多时，诱人的香气就弥漫整个厨房。

小火慢炖后的萝卜与五花肉同化于一锅，香味相互渗透，十分下饭，让客人有了多吃一碗米饭的理由。

咸肉炖笋，是地道的江南菜。这道菜还有个俗称，叫"腌笃鲜"。腌，指的是咸肉、扁尖；笃，在吴语里是炖煮的意思；鲜，则是指鲜肉和春笋。南方过冬有腌制咸鱼、咸肉的习俗，待到春天，春笋大量上市，家家户户便会拿过冬时剩下的咸肉搭配春笋炖汤。这个菜，要的是材料地道。

在中山酒楼吃一口笋，再喝一口汤，浓浓的地方气息和季节风味化在唇齿间，千回百转，留下一个挥之不去的"鲜"字。

山木耳炖豆腐，是中山酒楼老板娘的私房菜。老话说"木耳豆腐，黑白分明"，但中山酒楼的这道山木耳炖豆腐却并不如此。因为加了老抽调色，豆腐和木耳不再颜色鲜明，而是变得更加融合。

豆腐极具包容性，与什么食材搭配，便呈现出什么味道。山木耳炖豆腐是带着野性的，细腻绵密的豆腐和爽脆山珍黑木耳结合，刚柔相和，十分可口。

中山酒楼还有一道招牌菜：茶汁红烧肉。别小看这道菜，它可是获得《舌尖

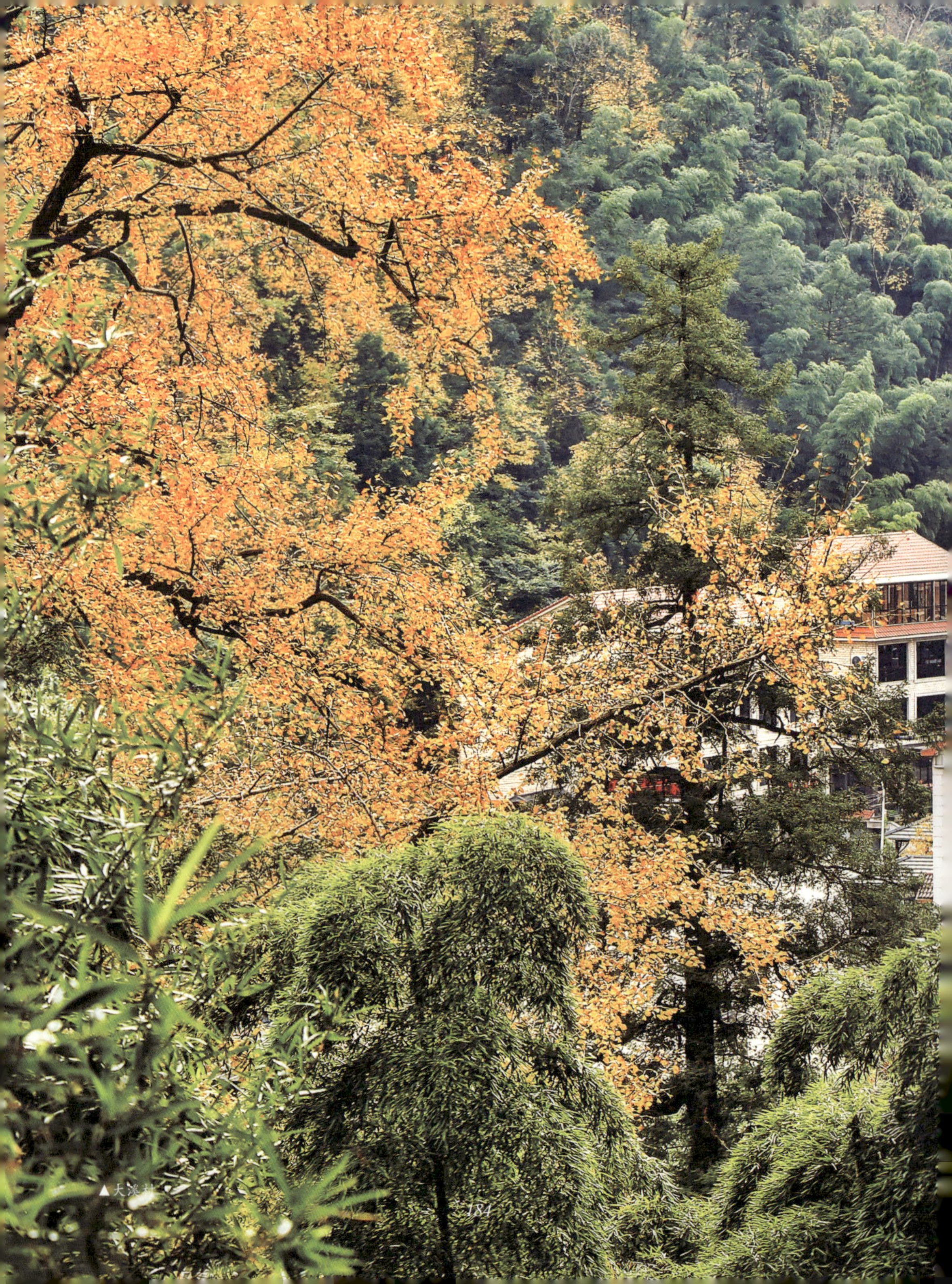

▲大溪村

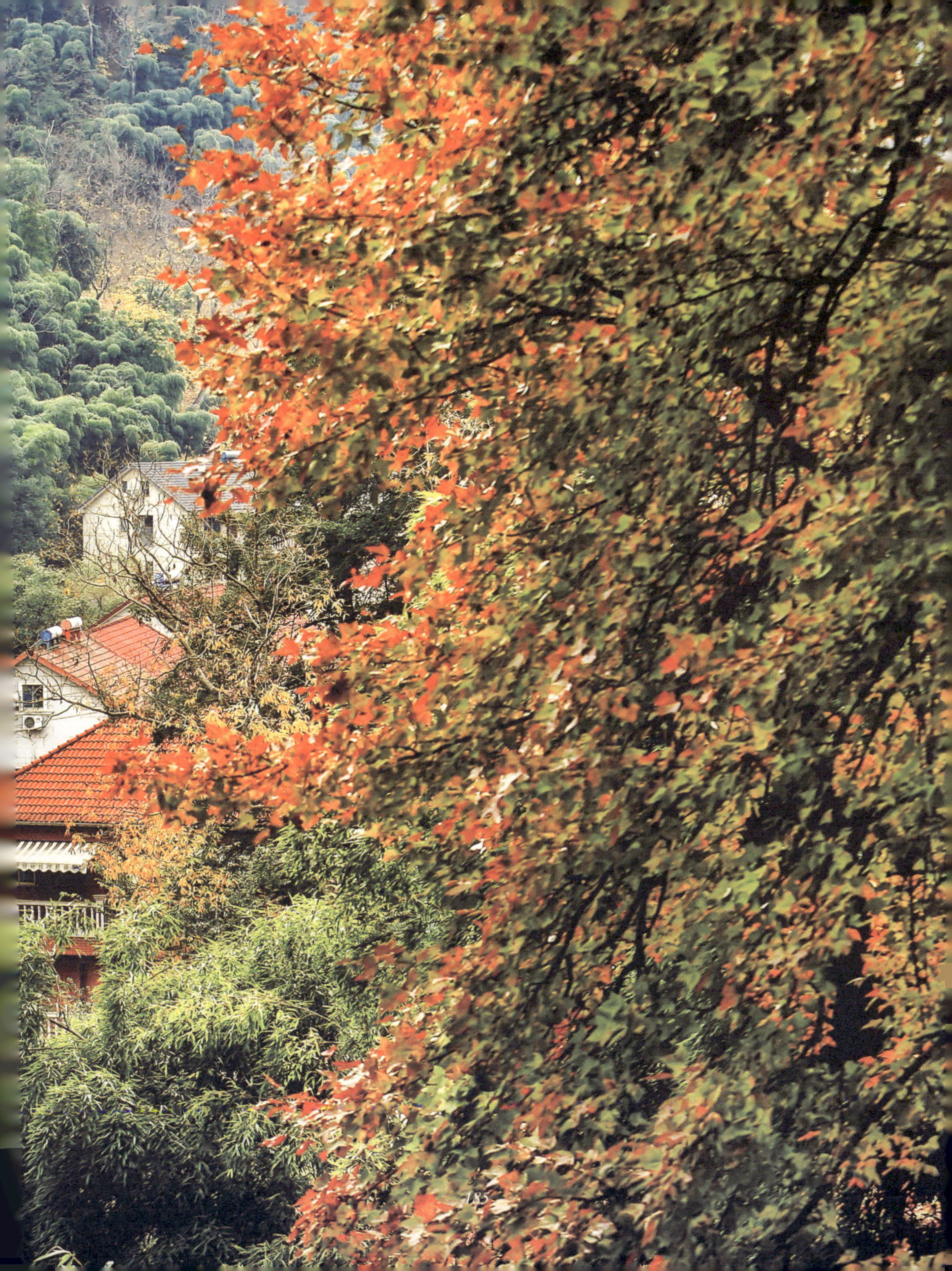

▲山木耳炖豆腐

▲萝卜烧肉

▲咸肉炖笋

▲茶汁红烧肉

上的中国》栏目组好评的名菜。2012年8月3日，中央电视台《舌尖上的中国》摄制组慕名来到大溪村。尝过这道茶汁红烧肉之后，导演在签名本上写下"山里菜，淳朴好味道"的评价。

不炒糖色不加油，只需用茶水煮，就能做出香浓可口的红烧肉，是此佳肴的神奇之处。茶汁特别选用大溪村的白茶。白茶汤清澈透亮，做出的肉不变色，茶韵悠悠沁肉香，令人无法抗拒。

这是一间有故事的农家乐，也是被中国知名媒体"认证"过的农家乐。不少人慕名来此，就是为了品这一口正宗。

大溪村现在有280多家农家乐，民宿也是遍地开花，成了名副其实的"浙北农家乐第一村"。而这，离不开中山酒楼的带动。

梅花四方顶、实木隔断……一走进中山酒楼，一股浓浓的20世纪90年代装修风扑面而来，像曾经的老家。装修虽古朴，但格外干净，主人将店内打理得一尘不染，就连样式繁复的水晶吊灯都擦拭得明亮耀眼。

如此费心费力，是因为老板心里有个小小的执念：保留家里的模样，能印证当年美好的记忆。

186

3. 小胡的咖啡老胡的酒

在余村街巷里，几个孩子边跑边唱着一首顺口溜："小胡的咖啡老胡的酒，春林的山庄老表的油，鲍家的学堂荷塘的藕……"

院子里的一个阿婆伸出脑袋喊道："慢点儿！慢点儿！当心摔跤！"

孩子们口中唱的"小胡的咖啡"，就是胡青法家的青之恋咖啡馆，而老胡的酒则是胡有乾家的老胡酒坊。其他"春林""老表""鲍家"等名称，也都是余村村民们开的五花八门的经营场所。

胡青法家本就开着一家叫"青之恋舍"的民宿。镇里推出"余村全球合伙人"计划后，不少年轻人就聚集到他的民宿里，商议怎么参与。在一次次交流中，个性活跃的小胡成了这群年轻人口中的"青法哥"。

小胡的合伙人路演题目叫"青之恋品牌及服务升级计划：美好生活方式的在地表达"。其中内容之一就是在民宿一楼开设余村首家茶咖空间，售卖特色咖啡制品，顺便推广本地的安吉白茶、高山野茶。

这个计划没什么科技含量，但茶咖空间却是余村第一家，所以还是获得了评委们的认同。最关键的是，它符合"余村全球合伙人"计划的终极目标。那就是：为乡村引进人才资本产业的同时，发挥合伙人的带动力，引导原乡人更好地参与发展，通过共融共生，更好地共享发展成果。

小胡家的青之恋咖啡馆就这样开张了。咖啡馆正对余村的古银杏树，旁边还有个小菜园。他还组建了余村咖啡社群，架起了新老村民之间的桥梁。

胡青法的夫人叫李庆，现在是青之恋咖啡馆的主理人。胡嫂不仅有自己独门的调咖啡技艺，而且还是个喜欢看书、写作的文艺女青年。

青之恋有一款颇有特色的南瓜咖啡，就是李庆的拿手绝活。初听有点儿土洋结合的意思，实际上味道极好。南瓜是店主自家的出产，煮熟后捣碎成泥，再按一定的比例调进咖啡里。这种咖啡喝起来软糯有料，既中和了咖啡的苦味，又不至于过分甜腻，口味变化无穷，成了店里的"流量担当"。

青之恋 coffee tea

来青之恋的客人，大都会点一杯南瓜咖啡，体验苦与甜的完美交融。那种意外和谐的搭配，也让余村南瓜的大地之味因此"出圈"。

胡嫂是个聪慧的人，她花了很长时间研究咖啡文化，每一杯咖啡都由她手磨而成。所以，青之恋的咖啡口味也相当地道。

李庆认为，机制咖啡虽然方便，但味道呆板，远不如手工咖啡好喝。从内心说，她感恩每一个到店里的客人。亲自动手，表达的是一种敬意。

青之恋的咖啡香气，已经弥漫到整个大余村。

老胡酒坊，则为这个村庄带来了美妙的酒香。

在余村的小巷，远远就闻到酒香。正所谓"酒香不怕巷子深"，你只要提鼻径直向前，便可找到这家不大的老胡酒坊。

酒坊的店招安放在一个半高的石头矮墙之上，相当醒目。围墙是半开放的，放眼可见青砖铺就的院子。院内一个老石臼上铺着玻璃桌面，旁边放着几个石墩供人小坐品酒喝茶。

一溜通体白色、绘着彩色脸谱的小酒坛整齐列队排在门口，像等候检阅的士兵。掀开其中一坛的盖子，酒香浓郁扑鼻。

店堂内的墙上，挂着酒坊售卖的各类酒品的牌子。其中有糯米酒、原浆、桂花酿、蜜桃酒、桑果酒、蓝莓酒、青梅酒、玫瑰酒、山楂酒等，价格都不贵，最高的也就68元一斤，看得出，主人心态很平和。

柜台后墙上的正中间挂着"余村供销社"牌匾，是主人胡有乾的另一项业务，也是店主的骄傲。旁侧的房间里，是一套酿酒工具。有大小两个木制容器，上有管道联通。其中一个木桶上刻着"祖传佳酿"四个字。

此刻正是午后，店堂里空无一人，大门敞开，只有一个半人高的机器人立在门旁。拍拍它的脑袋，小家伙说："这里是老胡酒坊，欢迎光临！"

一时想起了大唐贞观之治"夜不闭户，路不拾遗"的旧事。在这个游人如织的余村，酒坊如此门户大开，令人颇感意外。唯一的判断，就是这个村庄的治安

▲ 老胡酒坊

191

确实很好。

老胡酒坊的酿酒技艺是祖传的。陪我们参观的镇干部老陈说，胡有乾经营很灵活，除了把酒卖给村民，还做直播带货，将酒销到全国各地。加上游人上门购买，每天都能销售数百斤米酒。到了夜晚，酒坊的院子里更加热闹，摇身变成了一家小酒馆，许多年轻人都会来这里喝上一杯。这时，老胡便乐呵呵地拿出些小点心，供他们下酒，和年轻人一起吹牛。

酒坊开业后，胡有乾还请了4名当地残疾人当帮工，为他们解决就业问题，酒坊也因此被县残联评为"助残梦工厂"。

看得出，老胡不仅心大，而且心好。

"小胡的咖啡老胡的酒，春林的山庄老表的油……"孩子们唱这段顺口溜的背后，还有一个余村村民"打破围墙"的故事。

"绿水青山就是金山银山"

▲余村后巷

理念诞生地的美名，让余村吸引了大量的考察团和游人。但人们发现，游客在村里停留的时间平均不超过 2 小时，且基本集中在村庄南面的田园综合休闲区等景点，很少有人踏足村庄内部，更别说停驻消费。

如何进一步把美丽乡村转化为美丽经济？这个问题成为镇、村两级干部思考的头等大事。反复研讨，终于形成了统一的解决方案：将家家户户的庭院作为创业载体，在庭院内部发展特色经营，让一户一景融入村庄大景区。

但问题又来了，庭院要成为景点，一堵堵围墙却是障碍。围墙无形中给人"不可越界"的暗示，也阻断了游客与村民沟通的可能。

村民们要参与乡村经营，打开庭院是突破的第一步。

2019 年底，余村启动了"开放庭院和村民创业"计划，并选择条件成熟、位置较为集中的 15 户村民先行启动，进行试点，其中就有春林山庄、老胡酒坊、胡斌民宿、潘国华农耕园等。

以首批开放庭院的示范户为核心，余村形成了一条味道特色街。此后，越来越多的村民加入了"打破围墙"的行列。

打破围墙后，村民们在庭院里浇浇花、晒太阳，抬头就能和邻居打招呼，人与人之间的关系更近了。走入村中心，家家户户的院子各具特色，相映成趣，庭院间用步行道串联，游客穿行其间，仿佛置身大花园。

▲ 余村绿道

4. 有一种时尚，叫绿道生活

春天来余村，那条绵延的绿道，绝对是踏青赏花的好去处。

余村绿道，犹如一条缎带萦绕着青山碧水的乡间。在竹树掩映中，步行道、跑道、骑行道依次排开，似琴弦并列。不同于高速公路、高铁的快节奏，绿道是一首舒缓的小调，沿着山水的脉络，自成一番风情。

余村绿道从大石碑起至矿坑遗址，全长7.5千米，宽4.5米。这条沿着山势、水流而延展的绿道，像一条柔软的彩带，串联起了大余村中最主要的景观，实现村民们"推窗即见景、出门可踏青"的愿望。

一到周末，余村绿道上就迎来大批游客，吸引他们的正是道旁的竹海、水杉、银杏，还有旁边的一些小品雕塑，以及溪流中的潺潺水声。

在余村绿道上拍照，真的很美，每一个角度都能有意想不到的画面。拍照者中，有带着"长枪短炮"比画的专业人士，更多的是举着手机左顾右盼的游客。

一幅幅自娱自乐的画面，无须在意别人的眼光，自己开心就好。

家门口的绿道也改变了不少村民的生活方式。余村人不管是晨起锻炼，还是晚饭后散步，不约而同地都会选择那条绿道。无论是骑行、跑步，还是慢走、遛娃、小坐，这条绿道都能给人们提供最适合的片段。

绿道也为陌生人的交往提供了新的空间。这些年，不少外来的年轻人成为"余村全球合伙人"，初来乍到，可能没多少朋友，但在这条绿道上，人们总会一下子变得亲近。骑车的，擦肩时打个招呼，明天可能就约在一起比赛了；步行的，一边走一边聊着，投缘时就互相加个微信。由陌生到熟悉，由熟悉变为日常，竟是如此自然。绿道就像一座桥梁，将人与人联结起来。

对于游人来说，绿道更是一把解锁大余村景观的钥匙。你只要沿着这条路走下去，就能串起大余村的主要景点。大石碑、"两山"会址、矿坑遗址……一路向前即可。累了，可在休息点小坐；饿了，不少农家乐就在道旁。

走在绿道上，可以放松呼吸，全凭心性所向。你能感觉到，时间的流逝开始变慢，但不期而至的风景，让你眼中的内容越发丰富起来。

绿道是一种线形绿色开敞空间，通常沿着河滨、溪谷、山脊、风景道路等自然和人工廊道建立，内设可供行人和骑车者进入的景观游憩线路。

世界上第一条真正意义上的绿道始建于1867年，即美国波士顿公园绿道系统。经过一个多世纪的探索与实践，绿道的规划建设逐渐成熟，成为世界各国解决生态环保问题和提高居民生活质量的重要手段。

在我国，绿道具有景观设计学、交通学、社会学三方面的内涵。

从景观设计上看，绿道以自然要素为基础，以人文景观和休闲设施为串联，由慢行系统、服务设施等组成，是一个绿色开敞的空间廊道。

从交通学方面看，绿道承担信息、能量和物质的流动作用，促进各节点内部的有效循环，是加强各板块之间联系的通道。

在社会学方面，绿道不仅是居民走向大自然的通道，还是政府为百姓服务的

196

▲ 余村绿道驿站

▲ 余村绿道

通道。绿道建设的目的，就是提高民众的幸福感和获得感。

城市或者乡村，没有哪一种公共设施像绿道那样受老百姓欢迎。这些默然延伸的彩色道路，一头连着生态环境，一头连着民生。更重要的是，绿道建设极少影响到居民的私人利益。它总是以柔软的身段，穿梭于城乡的边缘地带，以对环境影响最小的方式，蝶变成美丽的生态长廊。

在余村绿道的建设中，强调"整体、协调、循环、再生"的生态理念，重构山、水、田、林、路等多种生态系统。以"绿水青山就是金山银山"理念为指导，建设可行、可游、可望、可持续发展的绿色长廊，实现人与自然的和谐共生。

余村绿道契合群众对美好生活的需求，节点打造与自然环境水乳交融，风情呈现与当地风貌相辅相成，实现了景观效应和生态效益双赢。

正因如此，在第四届"浙江最美绿道"评选中，余村绿道成为"十佳"之一。

与余村相关的另一条绿道，很值得一说，那就是安吉"两山"绿道。这条绿道可谓"环绕绿水青山，连起金山银山"，知名度很高。

"两山"绿道从余村出发，串联天荒坪镇、灵峰街道、递铺街道，顺着西苕溪滨河，连接溪龙乡白茶飘香精品观光带，全长101.7千米。其设计融合了乡野、乡村、乡愁等特色，以绿水青山为基底，以安吉特有的竹文化、乡村文化、山水文化为内容，将"贴山、近水、轻干预"理念贯穿始终。

这条绿道，真正盘活整个安吉的绿色资源，增值效应明显。

"两山"绿道串起丰富的内容，单是余村到灵峰街道段的15千米，就有白鹭鸣涧、浅草寻踪、梅康问桥、柳岸听风、敢当让畔、浒溪嬉渔、姚家唱晚、田园牧歌等八大景观节点，另有13个休闲驿站。它还将沿线小区、公共空间悉数联通起来，游客沿着这条道路，就能满载而归。

久居城市，与自然亲近成了很多人的渴望。在绿道上，自然美景不再"只可远观"；在绿道上，历史文化融入自然，城市面貌不再千篇一律；在绿道上，旅游观光、运动休闲统统可以满足。

5. 青来集，千名青年的理想集结

村子变了！来来往往都是年轻人。近两年，天荒坪镇各村村民惊喜地发现，自己的家乡正在变年轻、变洋气。

"余村全球合伙人"计划发布仅半年，就吸引50余个项目入驻，带动招引了高层次人才13人、大学生1115人。越来越多的投资商、合作企业、返乡创业青年代表，走进余村、投资余村、创业余村。

在青年力量的加持下，今日的余村，已是年轻人扎堆的地方。

年轻人带来项目、技术和资金，政府则在房租减免、贷款贴息、宣传推介上给予多维度的支持，双方成为合伙人，结成了"命运共同体"。

青年们来余村，一方面是源于对绿水青山的那份情怀，另一方面也相当现实——大城市就业之"卷"，让他们更愿意脱去西装来做另一番尝试。再加上有好政策加持，在这片土地上，或许更能实现自己的梦想。

"到余村去！"这个趋势汇成了一股潮流。根据预测，一年后，余村将集结起数千人规模的大学生及青年人才。青春的身影在这片土地上跃动，而这片土地，也将真正探索出一条激发乡村振兴内生动力的特色路径。

这令人想起20世纪三四十年代的延安。为了寻找未来，多少热血青年义无反顾地奔赴陕北，"到延安去"成为一代青年的践行。青年们从全国各地的大城市来到了黄土高坡，看到了那座宝塔山，听到一声"同志"的称呼，青年们顿时激动不已。

此情此景，何其相似！

乡村需要青年，青年也需要乡村。山清水秀的大余村，带着先进理念，让"年轻"与"活力"在两者之间双向奔赴。

年轻人来了，大余村也做好了准备。一个环境优美、生活舒适、氛围活跃的乡村青年人才社区，已经在等待着广大青年的到来。

▲ 青年在余村

"把人调动起来！以一种自然而然的方式。"这是乡村青年人才社区成立的初衷。在这个社区中，将实现资源共享、抱团发展，以激发青年们振兴乡村的新动能。也可以说，它是余村青年的"理想国"。

青年人才社区既是有形的物理空间，也是无形的精神纽带。在物理层面，它主要聚焦大余村范围，辐射到整个天荒坪镇辖区，核心面积约5平方千米。同时，它又是一种有机的组织，包含网络社群、沙龙活动等。

无形的社区，致力于构建一个融合公共生活和理性讨论的青年空间。社区经常举办沙龙活动，内容涉及创业、艺术、未来等主题，为余村的发展不断注入新的活力。在网络微信群中，成员们更是热闹。从困难求助、成功分享、信息提供，到"今晚有人约饭吗"，话题不断。来自五湖四海的年轻人在群里一起交流对话，互相碰撞、互相取暖。

青来集是青年人才社区有形的标志性工程。这是一个人才集聚、项目集中、产业集成的乡村社区新形态。它为加入社区的人才们提供了一个稳定的办公环境和实体的社群生活聚集地。它由原大年初一酒店南部的25幢商业房屋改造而成，占地面积约5.3万平方米，建筑面积3.7万平方米。其中包括青年人才公寓、公共餐厅、生态公园等配套服务设施，能全面满足青年"吃住行游购娱"的生活需求，可容纳千人以上，为众多的青年群体提供服务。

青来集名称不知出自何人之手，总之很契合。既能表达"青年来聚集"的意思，又有王安石"一水护田将绿绕，两山排闼送青来"的雅韵，嵌入了余村这一方青山绿水之无穷魅力。

在青来集中，没有主人，又人人都是主人。它容量丰富又开放自由，尊重和接纳每一个来余村的年轻人。

走进青来集，就能发现它的与众不同。大大小小的工作台无序地摆放着，还有宠物狗安静地陪着主人，整个氛围十分轻松。工作累了，出门就是一方阳光灿烂的小院，你可以抬起头来望望天，或者低下身子撸撸猫，放空一会儿。一楼右侧的某个角落，有人躺在懒人沙发上面静静地看书。左侧的吧台，还有几个人在开会商量如何成立一个内部创业小组的事情。

早上在阳光中醒来，梳洗、吃早餐，然后去工作室开始忙碌，这一切都在青来集中完成。太阳下山后，去村里散散步，和村落中的大伯大妈打个招呼。晚上可能再去听个演唱会、蹦个迪、和好友一起撸个串……这群志同道合的城市返乡青年聚在青来集，一切交流和活动都融化在一种氛围里面，好像被流动的能量场笼罩着，有了奇妙的化学或物理反应。

在这个空间中，生活也是工作的一部分。遛狗、办公、消费，毫不冲突。小伙伴们还可以认识来自不同国家、不同文化背景的各行各业的朋友——有些时候，这些人会是你事业上的一个推进器。

▲青年交流会

年轻人多了，新场景、新业态也让村庄整体氛围和生活方式发生了改变，无形中就像生成了一个有趣的圈子。在这样的背景下，政府要让青年在乡村能实现梦想，还要能享受丰富的"圈"内文化。

天荒坪镇联合新乡人、原乡人、归乡人共同发起了"大余村O_2生态文化圈"计划，将在一年内举办260余场文艺活动，助力打造长三角青年文旅社交中心。更重要的是，与青年的气场相适应。

大余村的决策者们，真正做到用心留住人才。人才想要的，他们都想到了，并且努力去做。在青来集的建设中，仅仅83天就完成基本改造。建设者们持续刷新项目进度条，展现了新的"余村速度"。

让青年回归乡村，这是一种世界性的潮流。

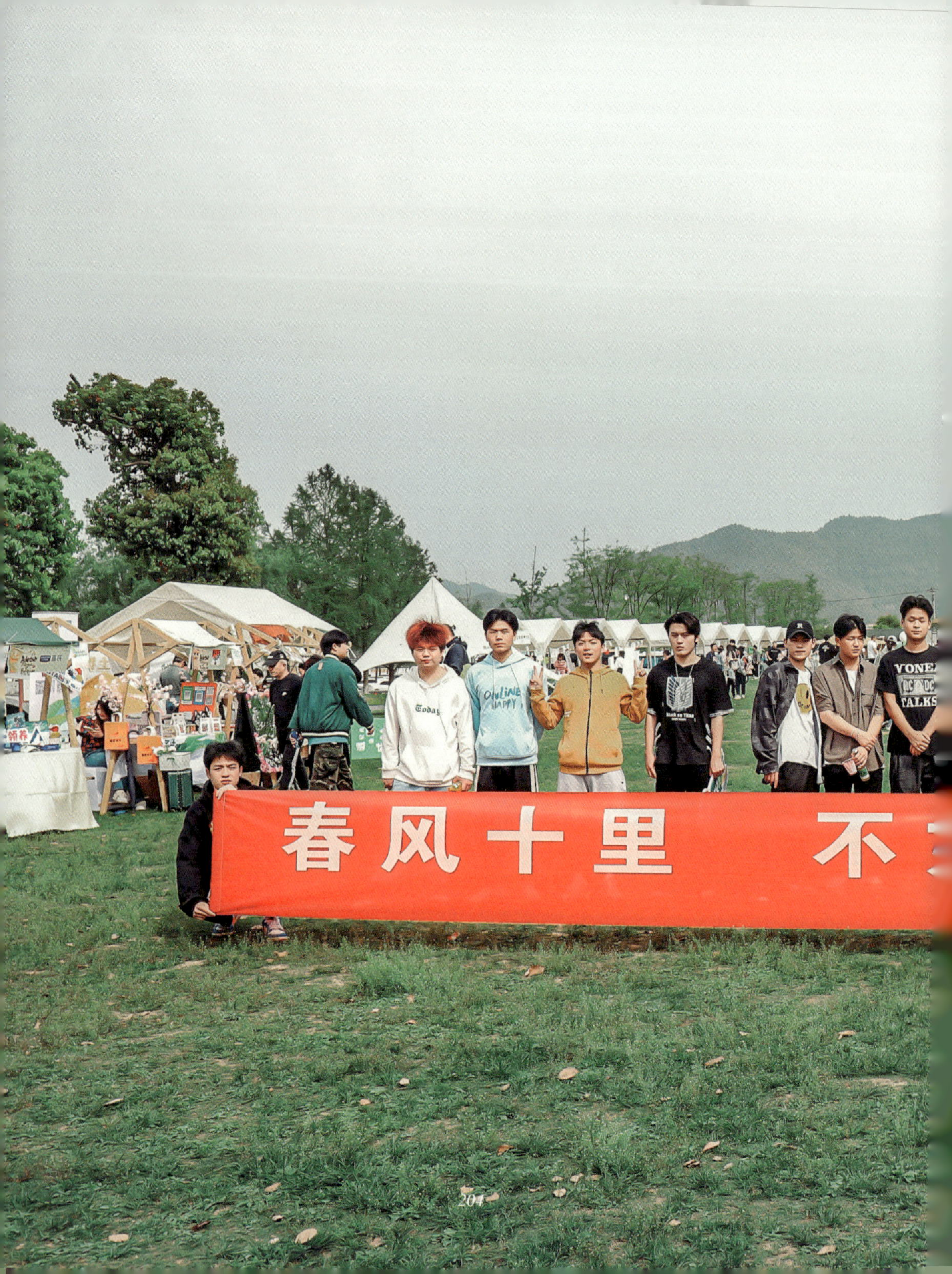
春风十里
不

▲ 青年会聚余村

▲ 青未集全景

日本总务省早在 2009 年发布《地域振兴协力队推进纲要》，鼓励年轻一代城市居民扎根自然环境优美、历史文化丰富的乡村，招募城市青年，委任他们为乡村地域振兴协力队员，让其在一定时间内从事农林渔业、水源保护与监测，为居民提供生活支援等各种地域协力活动，并提供可观的报酬。

日本总务省公布的数据显示，截至 2020 年 3 月，结束任期的协力队员有 6525 人，70% 年龄在 30 岁以内。其中有 60% 的队员选择继续定居在同一乡村，主要从事饮食服务业、住宿业、农业深加工产业、零售业和社区营造支援。还有美术家、设计师、摄影师等，也选择在乡村游居。

德国政府也是探索城乡一体化发展的先驱。除按传统的方式鼓励旅游业发展外，还通过引导大型企业在乡村建立研究中心，吸引技术型人才回归乡村，并提高乡村产业的附加值，增加当地的就业岗位。

中国的专家们也为此付出了努力。彭婷婷是这个领域的探索者，她一直在呼吁并尝试外部人才参与乡村建设的"田园回归"模式。所幸的是，她的理念在安吉天荒坪镇得到了真正的实践，她也被聘为余村的文旅产业导师。

彭婷婷在她的《青年人的在村白日梦——安吉大余村的新内生式发展探索》一文中说："这里有一群敢为天下先的 80 后 90 后乡镇干部，有一群基于共同价值观而投身乡村发展的青年团体，更有愿意推动城乡共生与对流的幸福指数爆棚的村民。三方的共同缔造，才是实现乡村新内生发展的根本。"

其实，探索城市与乡村之间均衡有序的城乡关系的走向，找寻理想的乡村生活方式和更为合适的生产方式，本身就是一条永无止境的路。正如彭婷婷在文章中所说："我们需要继续做余村新青年勇于创新、敢为人先的梦，做以大余村为示范探索乡村新内生发展振兴梦，做中国乡村走向世界的梦。"

6. 文益社的生活灵感便利店

年轻人多了，余村这片土地青春焕发。在大街小巷中，一些原本大都市才有的新奇玩意儿忽然也冒了出来。

青年在村·生活灵感便利店就是其中之一。它就在余村主干道边，纯白的一溜，在茂密的行道树间半隐着。房子不高，仅有一层，早先是九间废弃的商铺，似乎只是一转眼，它就成了村民们都不认识的模样。

"青年在村+生活灵感"，听名字就很洋气。进去一看，确是青春、惬意、浪漫。店中有当地特产、文创周边、日常用品，当然也少不了咖啡和酒。

这家生活灵感便利店，由余村合伙人文益社团队打造。这里有丰富的在村生活气息，也饱含青春的无限灵感畅想。年轻人可以在此购买需要的物质产品，也可以让思维暂时歇息、游走和交集。

室内和室外都有可坐的地方。但在外面的高脚凳上，托着腮，一面喝着咖啡，一面感受清风鸟鸣，似乎更加惬意。

兜内咖啡是生活灵感便利店的店中店，它售卖咖啡、茶，还有酒。吧台上摆着大大小小的玻璃瓶，大约是喝空了的洋酒瓶，样式各不相同。倾泻了酒精的热烈后，此刻都变得纯粹，零星插着些或粉或橘的蔷薇。一些即将枯萎的花，在彻底向岁月垂首之前，被主人倒挂在门窗边，释放最后的美丽。

"兜内"之名源自英文"donate"，是捐赠的意思。在这里消费，你买的任何一杯饮品，都有1元钱会被纳入大余村"小村大爱"公益基金。在这里喝酒，

▲青年在村·生活灵感便利店

▲ 兜内咖啡

哪怕醉了，都觉得有理。因为你的消费与某一场公益有关。

兜内用的咖啡豆来自云南，这大概与文益社另一个在云南的在村项目有关。跨越千里，形成了村与村之间的联动。

白天，兜内贩卖咖啡和面包。到了晚上，这里转而提供烧烤、鸡尾酒和音乐。日与夜，两种不同的生活调性，在此完美融合。

如果说青年在村·生活灵感便利店是物理的场地，那么丰富多彩的活动，则是生活灵感的源泉。足够大的空间，可开展各种活动。

世界读书日的前一天，文益社以这家便利店为据点，开展了一场"大地书房"读书活动。店内陈设了六大主题书摊，并特别设置了无限可持续循环的捐书、换书摊位，吸引人们参与阅读，在阅读中丰富自己。

活动当天，便利店内借书、换书、读书氛围非常活跃，店里店外充满了书香气息。人们或背靠大树，或席地而坐，在春日里朗诵诗歌。

文益社还将活动辐射到余村多个适合读书的地方，开设限时灵感书房。参与者探访各个灵感书房，即可到便利店领取一杯免费的灵感小甜水。这也让村中那些略具艺术韵调的场所一起产生了生活灵感。

儿童节时，生活灵感便利店又举办了"有余"公益生态圈启动仪式。来自天荒坪中心小学的一群孩子和余村合伙人代表、农商银行余村绿色支行的代表等哥哥姐姐一起，献上了自己的公益"微心愿"。

这些创意缤纷的设计，让生活灵感便利店常常门庭若市，也让在村青年的青春变得热烈、沸腾，不经意间，便会喷涌出灵感火花。

创造了生活灵感便利店的文益社，是一家来自上海的公司。他们关注人文、公益、社会的人类行动集合，致力于做公益传播的践行者、公益美学的推动者以及公益周边的创作者。2022年底，文益社依托"余村全球合伙人"项目搭建的平台，通过层层筛选，成为扎根余村的新村民。

李然，是文益社在余村项目的主理人，青年在村·生活灵感便利店便是她的创意。在店铺的建设过程中，她亲自监工，把关装修的每个细节。便利店的每个角落都有李然的理想和汗水。飒爽的李姑娘喜欢来往于各个城市，品尝美食、记录风景、挖掘灵感，似乎有用不完的精力。也正是这样，她和小伙伴对余村的活

▲ "余村全球合伙人"梦想发射基站

力创意，远不止生活灵感便利店这一处。

　　文益社来余村做的第一件大事，就是对共创中心进行空间氛围营造，并赋予它"梦想发射基站BBS"这个活泼可爱的名字，提出"既然要做梦，那就做得更大一点儿"的口号，激励来这儿的每个青年发挥自己的无限可能。

　　位于"两山"会址旁边的梦想发射基站BBS，白色的墙体上印着卡通文字图案，已经成为来余村的年轻人的活力创想中心。

　　2023年新年的第一天，文益社还在余村举办了一场零成本、零废弃的音乐会，将因疫情而拉开距离的人们聚在一起，弥补过去未能完成的心愿。

　　这场音乐会不收门票，也不产生损耗，李然解释了她的用意：

> 我们过期的青春和灵感，
> 过期的塑料试剂和化学药品，
> 过期的关于新一年的本该有的信念。
> 或许，美好的事物从不是消耗，
> 而是，有所增益，有所珍惜。

　　音乐会定名为"A wish"，蕴含着美好的希望。

　　基于初心和理念，文益社用废弃的纸板做道具，面向社会无偿征集摊位和演出者，意外得到了很多人的支持。

　　未来，在明朗的生活灵感便利店，抑或余村的其他角落，文益社还会播下更多人文和公益的种子。就让我们，期待它们慢慢长大吧。

211　　"A ish"音乐会▶

▲ 青年图书馆二楼

7. 青年图书馆，藏着零碳和国漫的秘密

去余村，有两个地方是必看的。一是那块"绿水青山就是金山银山"纪念碑，代表着余村的现在；二是矿山遗址，代表着这个村庄的过去。

从2023年开始，余村又增加了一处必看的地方：余村印象。那座开张不久的青年图书馆，是零碳的绿色宣言，它代表着未来。

余村印象位于村子西面的山坡上，由青年图书馆和创意田园两部分组成。在缓坡脚下，一组现代感十足的建筑静静矗立，前面就是空旷而色彩丰富的田野。巨大的空间比例，让这座建筑物显得有些孤单。但如果站在更远处看，整体却相当协调，这也许恰恰是设计师想要的效果。

余村印象的原址是工业厂区，包括水泥厂、拉丝厂等重污染的厂房。这些厂房被拆除后，只保留了两栋建筑，作为对过去记忆的留存，见证了余村从"工业飞鸟"到"生态田园"的变迁。

两栋建筑经过改建，成了青年图书馆。这是全国首个全生命周期碳中和建筑，一开张，就受到了国内外的关注。零碳的秘密，就藏在其中。

什么是零碳？这个专业的词汇会让人一头雾水。这里简单解释一下：传统的建筑物需要消耗能量，产生碳排放，但这座建筑通过植入高科技技术，不仅不需要消耗能量，反而会自身产生能量，供循环使用。如果有富余，还可提供给别人，实现从用碳到低碳，再到零碳，甚至负碳的提升。

余村印象在设计之初，就确定了降低能源需求、提升能源效率、可再生能源补充、智慧运维四大零碳策略。设计团队运用了一系列创新技术和材料，以实现环保、节能、低碳的目标。例如，采用了新型的太阳能光伏板，既为建筑提供了绿色能源，又增强了建筑的美感；通过屋顶绿色种植，不仅提高了建筑的保温性能，而且增加了居住者与自然的互动。此外，在外墙的保温隔热、建筑的自然通风能力等技术上，也有很多创新。总之，这组建筑就像一个大型的充电宝，能够依靠可再生能源系统进行碳抵消，实现零碳排放的效果。

余村印象的建设，意义不仅在于其建筑设计和技术应用，更在于它对乡村发展的深刻思考。作为一个整体的生态系统，它将乡村工业遗产、生态环境、乡村文化和科技创新相结合，展示了一种全新的乡村发展模式。

青年图书馆占地面积2789平方米，由一幢四层图书馆和一幢一层展览厅组成，中间由一条连廊连接着。远远望去，宛若一把钥匙和一把锁。其背后寓意也十分清晰："绿水青山就是金山银山"理念就是一把金钥匙，破解了经济发展和生态保护之间的难题，开启了余村的绿色发展之门。

在图书馆的地下一层，有一间美在余村·国漫咖啡体验馆。碎石铺就的下沉广场上随意散落着几把椅子，夜幕下，门口巨大的孙悟空头像显得格外耀眼。

美在余村·国漫咖啡体验馆由85后青年陈喆牵头创办，是"国漫控"必去的一处景点。之所以起名"美在余村"，一来有上海美术电影制片厂的知识产权在

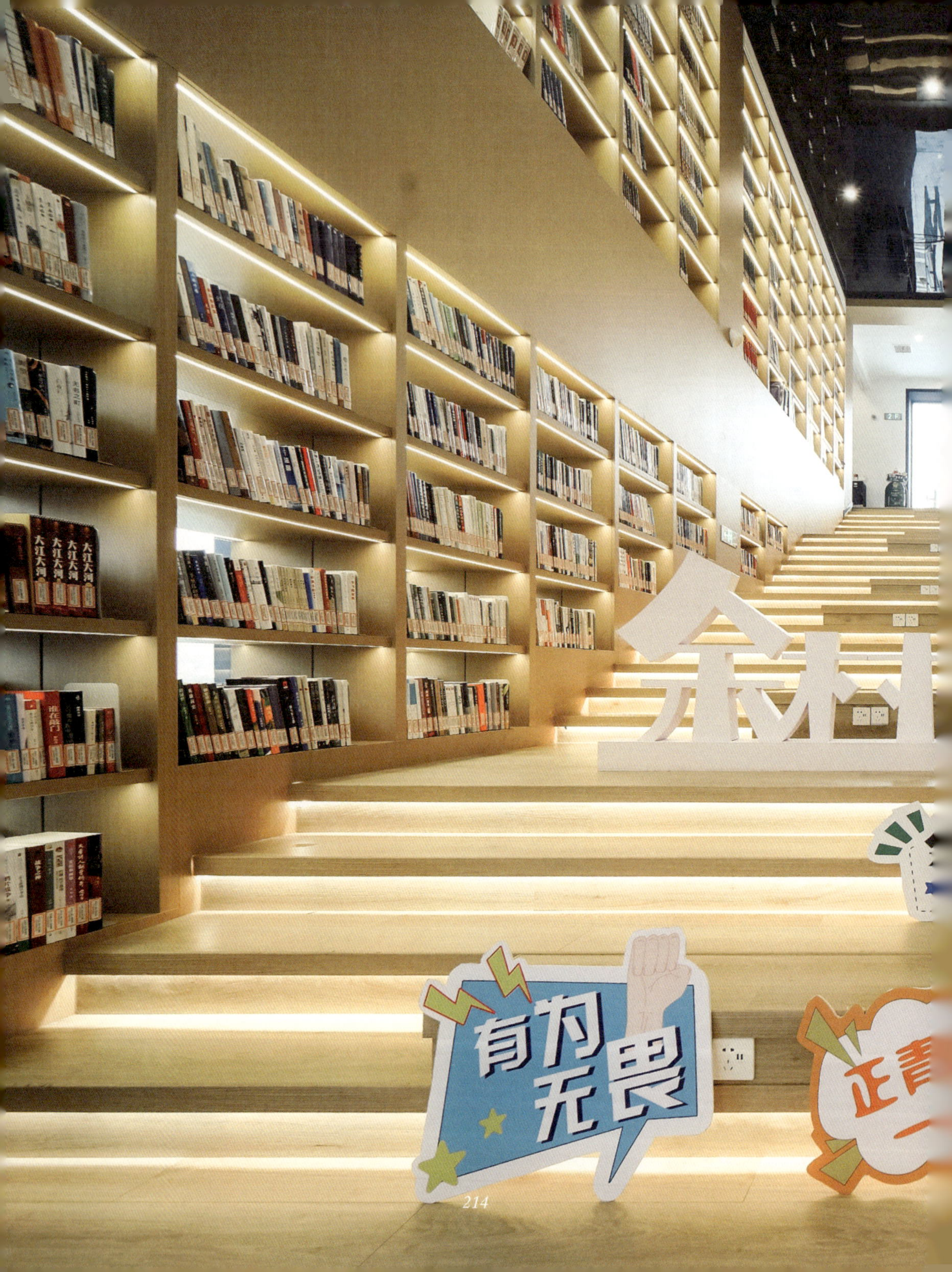
大江大河
有为无畏

▲青年图书馆

▲ 美在余村·国漫咖啡体验馆

余村之意,二来是将中国动漫的传统美学与绿水青山的自然美结合,打造年轻人喜爱的业态,借助这个空间,吸引更多年轻人来到大余村,一同探索国产动漫的魅力。

作为安吉本地人,陈喆在上海上大学,又在上海工作了10年,从事内容营销和品牌设计相关工作,曾经跟中国李宁、百雀羚、上海美术电影制片厂等品牌合作,帮助激活这些经典知识产权。

2022年,余村推出"余村全球合伙人"计划。看到消息的陈喆惊讶于家乡的一个小村庄竟能举办这样的活动,于是在好奇心的驱使下,他受邀参会了。没想到的是,原本计划只待一两天的陈喆就这样住了下来。

彼时余村印象已在规划建设,看到这个极具创意的新空间,陈喆想到了80后最熟悉的孙悟空、葫芦娃、黑猫警长等国产动漫形象,于是他联合上海美术电影制片厂,在村里创办了这间美在余村·国漫咖啡体验馆。

美在余村不仅卖咖啡、饮料,还收藏童年记忆。店内有一整面的盲盒墙,摆满了葫芦娃、黑猫警长、哪吒等国产动漫玩偶。环顾四周,带有美猴王标志的文创产品随处可见。搭配余村的清新之景,三打石榴汁、小妖怪的夏天等饮料别出心裁,又恰到好处。人们可以和熟悉的国漫角色互动,把自己喜爱的角色介绍给孩子,将一个人的成长记忆变成两代人的共同回忆。

咖啡馆的外墙上印着这样一句话:"凡有所爱,皆是青年。"这是对青年的重新定义。在青年图书馆,年龄的分界被消除,只要带着轻盈放松的状态,充满对生命的热爱与活力,每个人都是青年。

图书馆内充分运用智能化技术，打造了一个智能、舒适、安全的阅读空间。一楼的书架到顶，摆满了各种图书。旁侧是阶梯阅读区，年轻读者三三两两，沉浸在知识海洋里。二楼阅读区更安静，你可以点杯咖啡，找一本想要阅读的图书靠窗坐下，落地玻璃窗将馆外的风景延引到室内，一时物我两忘。

走过图书馆外的连廊，就到了展厅。展厅与倾斜的山地融为一体，好似隐于山间。其中设置了多功能活动区、沙龙讲座区、综合阅读区等，可以举办小型活动，为"余村全球合伙人"和游客提供了共享空间。

在建筑物的大草坪上，立着零碳专用的"生命之树"，外观融合了银杏叶和蒲公英的视觉元素。白天，通过树叶顶部的光伏薄膜采集太阳能；晚上，就将白天吸收到的能量用于照明发光。发光的刹那，就像璀璨的烟花绽放于大地，成为青年图书馆外一道亮丽的夜景。

这样一棵光伏树，一年可以收集1825度电，又美又节能。

余村印象南侧的农田则为创意田园，共占地约5.3公顷，金黄的稻田散发出淡淡的谷香。彩色水稻在田园中央，铺陈了一面巨型的五星红旗，极为壮观。稻田之上，停放着一辆花车，这辆花车曾赴京参加70周年国庆大典，记录了这个村落的无限荣光。

山、建筑、草坪、田园组合，使余村印象成为一个生态共同体。印象是传递给他人的一种概念，余村所要传递的印象，就是这片土地在"绿水青山就是金山银山"理念的指引下，将沿着绿色低碳之路，不断前行。

▲青年图书馆场景

8. 余村迷笛艺术周，青春的旷野之声

许多年以后，会聚在余村印象大草坪上的这群年轻人，仍会记得 2023 年春天那个热血沸腾的晚上。

来看 2023 年 4 月 18 日《安吉新闻》记者杨卫丽写的一篇报道：

> 临稻田花海，享春日微风。4 月 15—16 日，余村·迷笛艺术周首场活动"生活之外 Beside Living"在天荒坪镇余村正式开启。两天时间里，来自各地的年轻人齐聚，共同见证绿水青山与音乐的碰撞。
>
> 数据统计，活动到场人数超 2000 人次，其中 85% 为 20 至 30 岁的年轻观众，75% 来自市外。"平时就比较喜欢音乐，也经常和朋友们去一些 Livehouse 和音乐节。"来自宁波的大学生沈轩如说。这是他第一次来参加在村里举办的音乐节，感觉很不错，特别是周边的自然风光，也都值得打卡。
>
> 2023 年 3 月，迷笛音乐正式加入"余村全球合伙人"计划，并将在余村成立长三角音乐中心，双方携手，一起建设余村 O_2 迷笛音乐生态圈。
>
> ……
>
> 在建设"高能级、现代化、国际范"大余村的进程中，青年进乡村是核心所在。除了创业政策、旅居环境、休闲新业态等，半公益性的国际范乡村音乐也逐渐成为引流"标配"，参与音乐节已成为年轻人的一种娱乐休闲方式。
>
> 作为"大余村 O_2 生态文化圈"计划里的一项重要活动，迷笛艺术周自带流量和辐射力。就像此次活动，通过小红书、抖音等渠道，全媒体曝光量超 1000 万，吸引了一大批年轻人走进余村、了解余村，并带动余村大景区客房入住率接近 100%，带动余村村民共富收入超 20 万元。

美国作家凯鲁亚克在小说《达摩流浪者》中写道："O ever youthful, O ever weeping."这句话被翻译为"永远年轻，永远热泪盈眶"。在很多青年心中，这

▲余村·迷笛艺术周

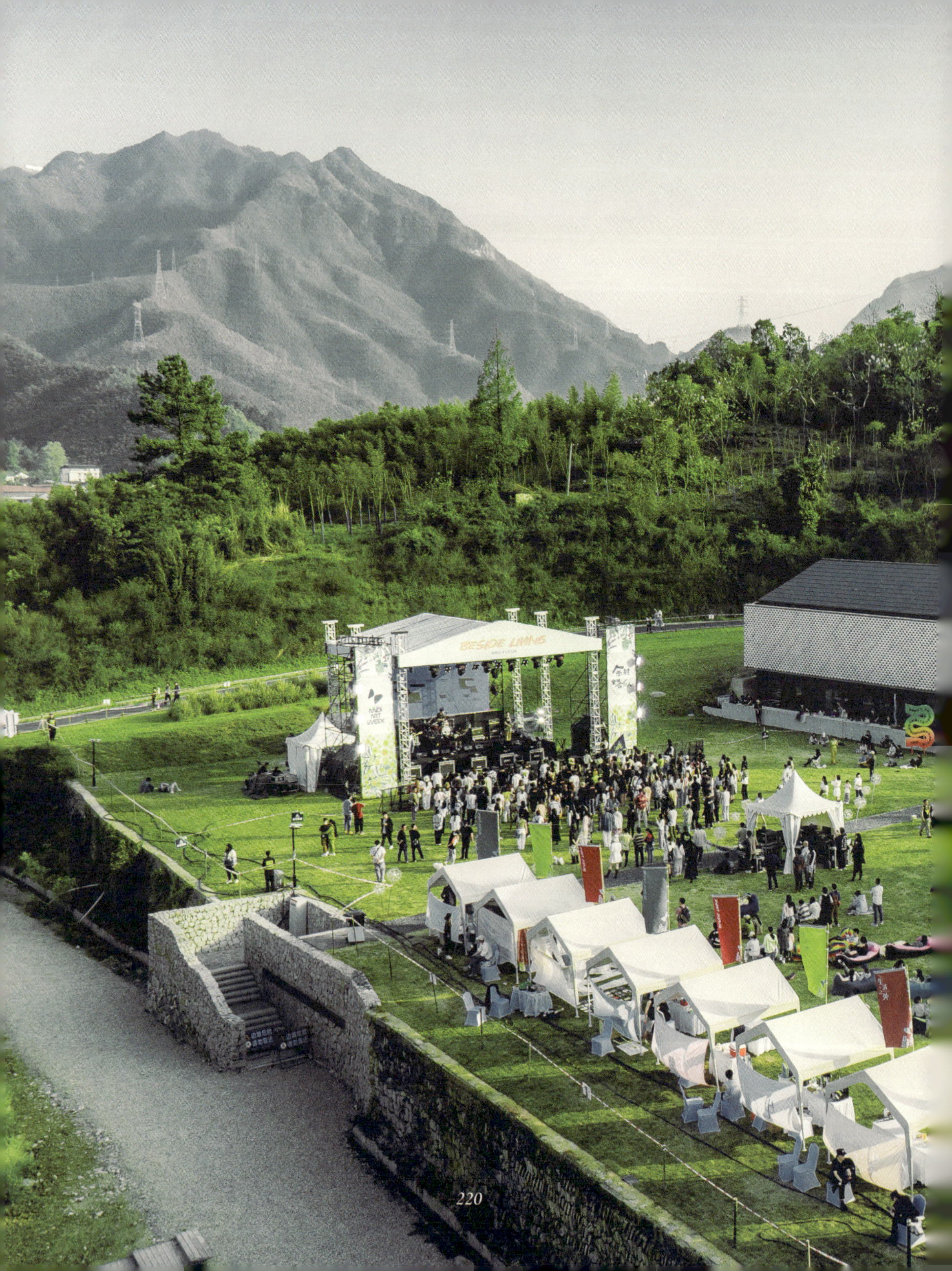

▲ 余村·逸笛艺术周

▲迷笛音乐节

句话就是对"迷笛"这两个字的最好评价。

迷笛，即英文缩写MIDI，也就是迷笛音乐节。喜欢它的人在谈论此音乐节的时候，总喜欢这样简单地称呼它，就像喜欢某人而用昵称一样。

迷笛音乐节是由北京迷笛音乐学校创办的国内第一个原创音乐节，经过20多年的发展，已成为现代音乐最响亮的品牌之一。每年都有几十支国内外的专业乐队参加演出，更有几万狂热的观众从全国各地蜂拥而至，国内外百余家知名媒体都在关注它的动态，竞相报道与之相关的消息。

迷笛音乐节风格之丰富，场面之宏大，情景之壮观，国内尚无任何一场音乐盛会可与之相媲美。迷笛音乐节最大的特色是参与演出的乐队一律义务出场，成千上万观众自由出入，每天的演出从14时持续到24时，甚至更晚。这些特质，让所有乐迷都很自然地把迷笛音乐节看作中国的伍德斯托克——世界上最著名的系列性摇滚音乐节，不可逾越的高峰。

现代音乐作为青年人喜爱的艺术形式，迷笛音乐节一经问世，迅速成为吸引青年人的狂欢活动。自2000年首届音乐节举办以来，迷笛音乐节已在全国不同城市举办近40届，众多国际顶级乐队、音乐人相继登台。

音乐，是青年人生活中不能缺少的元素，也是一种可以跨越语言的沟通方式。多年来，迷笛音乐节以音乐为媒介，邀请世界各地的著名音乐人和乐队来到中国，和国内优秀音乐人同台献艺，为中国青年创造了快乐的空间。

青年是城市的活力，是城市的未来。迷笛音乐节以音乐为基础，与城市共同探索吸引年轻人聚集或落地生根的方案，参与青年发展型城市建设。现在它与余村紧密合作，共同打造"迷笛音乐生态圈"，其目的正在于此。

迷笛音乐节最有价值的，是每次活动都致力于通过音乐节的主题和口号启迪、鼓舞中国年轻人的思想与行动，充满正能量。

余村举办的迷笛艺术周，是迷笛音乐节成为"余村全球合伙人"之后的首秀。这次活动以"生活之外 Beside Living"为主题，把数千名来自全国各地的年轻人会聚在余村印象的大草坪上。

音乐节邀请了 Carsick Cars、濮曼、板砖、饮马池、笑匠等乐队。鼓点如潮头扑来，吉他拨动心弦，音乐一响起，所有的烦忧都被抛到了脑后。

在美妙的音乐声中，迷笛音乐节引导青年们思考这样的问题：

声音之外：这里不需要降噪耳机，你不需要的声音才是噪音。

答案之外：有些好奇心不需要得到回应。

言语之外：当我们不再需要语言框架时，就真正开始了用意识交流。

意义之外：生活与存在的谜底不再执拗于意义。

勇气之外：不要羞于逃离的选择。

时间之外：不赶时间，坐下来感受时间。

生活之外：在物质满足之外，发现生活之美。

生活之外究竟是什么？相信每个年轻人都有自己的答案。我们看到的是，迷笛音乐节在余村撒下了一把种子，用艺术与音乐灌溉，一起发芽。

一个月以后，第二场余村·迷笛艺术周活动如约而至。这是一次在"520"当天的逃离行动，没有任何门槛，只是远离生活的嘈杂。此次活动包含"向上跑""游鱼会工作坊""星空下的脸"三大项目。青年们钻进生活的空隙，在迷笛音乐节的"游鱼会工作坊"中张开双臂，将自己托付给大自然。

艺术周吸引了大量年轻人走进余村。活动期间，除了精彩的演出，还有马拉松比赛、村民共富集市、青年艺术涂鸦、后备箱集市等多元现场可以体验。

音乐把人和人、村和村进行了联结。乡村和音乐，永远不违和。

去余村吧！和迷笛音乐节一起嗨。

▲迷笛艺术周活动

9. 秋天，期待那满眼的金色

深秋的余村，美成了一幅浓墨重彩的油画。此时的银杏树，迎来了一年中最美的时刻，耀眼的金黄色为这个季节增添了一份灵动的色彩。

银杏树枝繁叶茂，浓密而金黄的叶子挂满枝头，风过处，漫天飞舞，在地上铺起厚厚的一层。一路走过，村街道、院落、山水间都绽着金灿灿的色彩，仿佛整个村子都被金箔镏过一般。蔓延开去的金黄色，让人心醉。

在余村，有大大小小银杏树700多棵，其中树龄500年以上的有75棵。最珍贵的是3棵千年银杏，在村中重要处各占一域，遥相呼应。这"一王二后"当中，最大的一棵直径达8.2米，树龄1800多年。

1800年，几乎与安吉县的历史同龄了。

站在那棵古树面前，思绪直飞东汉末年的风雨飘摇时期。此时在位的是汉灵帝，面对黄巾军烽烟四起，年轻的皇帝感到实在无能为力。但每当有捷报传来，哪怕是些许好消息，灵帝的欢喜都溢于言表。

公元185年的这一天，汉灵帝早朝。有大臣启奏，称全国各地从黄巾贼者众，唯处江南一隅的故鄣地与众不同。有郡人张渤，带领乡亲坚守守土，保一方平安，维持皇权，特呈奏圣上予以嘉奖。

灵帝闻奏大喜，查明张渤为故鄣县某庄人士后，立即决定在贤士所在的县南另置一县，赐名"安吉"，同属丹阳郡，以示皇恩浩荡。

"安吉"之名来自《诗经》中的《唐风·无衣》："岂曰无衣七兮？不如子之衣，安且吉兮！"

"安且吉兮"，舒适又美丽，也可释为平安吉祥。这小小的县城，承载了大汉一任帝王对自己江山的

▲ "安且吉兮"

▲秋日银杏

无限祝愿。

汉中平二年（185年），安吉正式建县，带着"安且吉兮"的美好祝愿，至今已经走过将近1840年。

冷水洞旁也有一棵千年古银杏，被称为"江南银杏王"。它的树龄已达1050岁，主干需三人伸臂才能合围，它是余村人心中的护村神树。

相传，吴越国王钱镠幼年时曾与外婆住在余村冷水洞，这株银杏树就是他小时在屋旁种下的。千年之后，老银杏已成参天之势。村里人说，此树很有灵性，枯树枝即便是被风刮断，也不会砸在屋顶或人身上。

在树下抬头仰望，"江南银杏王"的枝干以奇异的角度弯曲并伸展着，又互相缠绕，仿若随时都可以长出新叶，散发出一种令人敬畏的力量。斑驳的阳光穿过树枝洒下来，暖暖地从脸上拂过，恍然坠入一个梦境。

漫漫时光中，古银杏与余村相互映衬，组成了一道别致的秋日风景。宋人葛绍体《晨兴书所见》诗云："等闲日月任西东，不管霜风著鬓蓬。满地泛黄银杏叶，忽惊天地告成功。"说的就是这个样子。

余村的每一棵银杏树，都百折不挠地指向天空生长。其状态，与这座村庄的精神内涵十分相似。因此，余村人一直把银杏作为精神图腾和愿望寄托，并把银杏作为村树，连村庄的标志也以银杏叶为形。

村标中的银杏叶片图案，被巧妙地设计成青山的形状，其叶脉被处理成一条贯穿画面的河流。而这条贯穿村庄的河流，恰又把叶片聚合成两个山体般的形状。标志上的文字则精简成"余村·两山"。

"两山"，既是绿水青山，又是金山银山。不由得联想，余村这无处不在的银杏，其金灿灿的样貌，是否也是对"金山银山"的另一种诠释？

正是出于这种情怀，余村的祖祖辈辈一直善待银杏，保护银杏。

村中主干道上，一棵高大的银杏树挡在路中央，标牌上显示树龄有210岁。车道从树两旁绕过，一看就是"路让树"的人为做法，其中饱含着余村人对村树

▲ 余村秋景

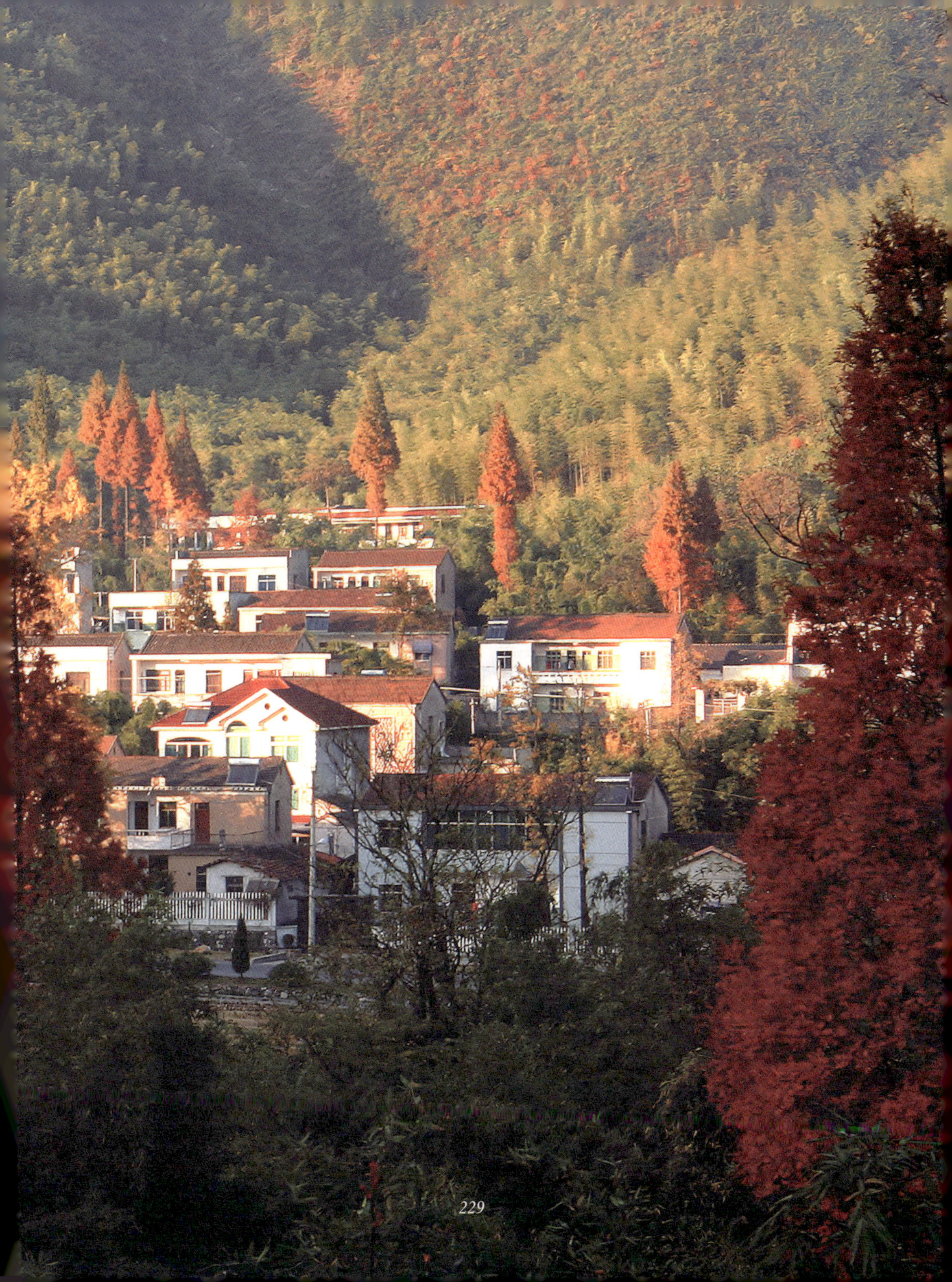

的尊重。这棵银杏虽然不像那3棵千年古树般具有伟岸之躯，但它依然被余村人保留在主干道上，享受着一种特殊的待遇。

　　银杏，俗名为鸭掌树、鸭脚子、公孙树、白果，被列入《世界自然保护联盟濒危物种红色名录》，属中国特有的珍贵树种，素有植物界"活化石"之称。
　　其中，"公孙树"这个名称特别有意思。是说银杏成材慢，爷爷种下的树，要到孙子这一辈，才能够吃到果实。
　　银杏类最早出现于3.45亿年前的石炭纪。它曾广泛分布于北半球的欧、亚、美洲，白垩纪晚期开始衰退。至50万年前，它在欧洲、北美洲和亚洲绝大部分地区均已灭绝，只有中国的银杏树存活下来。
　　在中国大地上，银杏作为野生状态的树木，仅在天目山脉中存在。而余村，恰在天目山北坡的余脉之上，这一带的古银杏，也属于原生树种。
　　现在世界上的银杏树，大多属于人工栽培。毫无疑问，国外的银杏都是直接或间接从中国传入的。
　　因此，说银杏是中国的"国树"，也不为过。

▲ 银杏叶

▲余村马拉松活动

10. 用清新的方式，在余村想你

  出差途中，看到街角立着一块"我在西宁很想你"的路牌，便欣然与之合影，发给了远方的朋友。不料收到的回复是："你太落伍啦，还玩这个！全国各地到处都是，我已经忍它们很久了！"

  上网查了一下，才知道朋友所言非虚。

  从 2022 年下半年开始，越来越多"想你"的路牌出现在各城市街头。它们有着相同的蓝白配色，底部写着坐标和方向，中间是高度相似的文案："我在……很想你""我在……等你很久了""想你的风还是吹到了……"

  这份小广告曾给人眼前一亮的浪漫联想。然而，随着被大量复制和社交媒体的广泛传播，"想你"的风向悄悄发生了变化。原本无数人排队拍照的网红路牌，半年后，就成了被人嫌弃的土味文化。

  随之而来的是戏谑路牌。有人用修图技术将路牌文字改为"我在……忍你很久了""我在……没空想你"等,极尽讽刺之能事。

主流媒体参与评价说,类似的文案及广告形式,给人的观感已从最初的"惊鸿一瞥""排队合影"变成了"不胜其烦""土得掉渣"。

专家认为,网红路牌不红了,其原因是"不走新"和"不走心"。

甚至,这些网红路牌的设立还可能涉及违规。

我国最新修订的《地名管理条例》规定:擅自设置、拆除、移动、涂改、遮挡、损毁地名标志的,由地名标志设置、维护和管理部门责令改正,并对责任人员处1000元以上5000元以下罚款。

国内多个城市的民政局发出提醒,私设未经审批的路牌属于违规,个人不能因为好玩、能引流、有网红潜质等就定制路牌,随意设在路边。随后,上海、南宁、济南、宁波等多地均有网红路牌被拆除的新闻报道。

真是成也网络,败也网络。网络"反转",比翻书还快。

网红路牌的兴起,最初在2022年5月。有网友在小红书上分享了一张照片,画面是本人和"我在重庆很想你"的路牌合影,地点在重庆鹅岭二厂。不久,上海、杭州、长沙、泉州、西安、广州等多个城市都出现了类似的路牌,文案也从"想你"延展到了"等你""爱你"等。这些网红路牌以其浪漫的氛围和出片效果,在社交媒体上引发了大量的转发和点赞,成了流量密码。

所幸的是，在这轮流量争夺中，余村没有被裹挟其中。

余村有"想你"的地方吗？有！但不是路牌这种小儿科。余村的"想你"热门地点，在一片绿茵茵的大草坪上。白红二色的中文"我在余村很想你"和英文"MISS YOU IN YUCUN"组合，做成了巨大的立体镂空字效果。字高两米，宽十几米，以青山和蓝天白云为背景，构成了一排极具视觉冲击力的装置。

这个装置是余村绿水青山的召唤，也是人间温情的宣言。很清新，丝毫没有任何传说中的"土味"，反倒是让人眼前一亮。

余村设计这个装置的时候，恰是全国"想你"之风盛行之时。村里的年轻艺术家们没有跟风模仿，而是以自己的方式进行了表达。

大草坪旁边就是一条绿道，沿着山势盘旋而上，有着微妙起伏的坡度。道旁各色植被非常茂密，微风轻拂，正如荡开的协奏曲。远处，可见余村村庄全貌。旷野上，油菜花相继成熟，层层金色。

这样的景色，不用说，随手一拍就是大片。

安放着"我在余村很想你"装置的景点，距离余村印象只有几百米。从图书馆出发，沿着绿道一直往上，就到了。

"想你"的地方，还是余村马拉松的起跑点。在巨大的艺术装置前，那份醒目让选手们很容易集合，连开跑都有一种仪式感。

如此清新的设计，应该是某位"余村全球合伙人"的创意。

▲ "我在余村很想你"

▲ 江南村居

第六部分
PART SIX

不是在博物馆，就是在去博物馆的路上

  在时光的磋磨下，记忆会变得斑驳。且不说自然地貌的沧海桑田，青砖黛瓦推倒重来，器具玩物的传承易手……便是人类自己成长的经历，也因为太久远而变得模糊起来。今天，人类正在经历从没有过的爆炸性发展，在世界文明趋同的大势下，我们需要回头再来看看自己走过的路。

  博物馆的产生，正源于人类自我意识的觉醒。馆里的每一件文物，都储存着前人生活的信息。那些凝固的时间碎片，以不同的方式向后人展现着一个家族、一个村庄、一座城市、一个产业乃至一个时代的物化历史。

  生态不仅仅是环境生态，也包括文化生态。正因如此，在安吉县内，居然建有上百个大大小小的博物馆和展示馆。它们如同一张张清晰的书页，收藏了安吉的历史与文明，记载了这片土地上的光荣与辉煌。

  在余村，在大余村，或在余村大景区，都是如此。透过翠竹丛林或者满陇白茶的缝隙，不经意间，便可以和一座山村博物馆迎面相遇。每一次阅读与观展，都是时光的穿越，更是对地域文化和历史的追寻。

1. 触摸"绿水青山就是金山银山"理念的红色根脉

余村的"两山"会址公园，是一个特别的存在。

说它特别，是因为这里正是"绿水青山就是金山银山"理念的诞生地。这个理念，不仅为余村的发展指明了方向，而且为整个中国的未来发展指明了方向。它是建设美丽中国的底层逻辑，已为全国人民所认同。

在中国的发展史上，总有某些看似不起眼的小地方泛出"浪花"，从而开启了一个波澜壮阔的新时代。

站在这个公园的任何一个角落，思绪都会被拉回到 2005 年的那个夏天。那年，余村人正迷茫于经济发展与环境保护间的关系，习近平同志来了。在余村，习近平同志高瞻远瞩地提出"绿水青山就是金山银山"理念，成为中华民族伟大复兴过程中的一个重要节点。

"两山"会址在一幢不起眼的砖混结构三层小楼内，这里也是余村老村委的旧址。与村庄中其他色彩亮丽的建筑相比，它刻意维持了原貌。小楼的入口在余村主干道旁，骑马楼式的通道，两侧各有一门，可达二楼。一楼的墙壁上有黑板报，写着"控制人口，振兴竹乡""妇女园地"等标题，一看便是当年的味道。

上二楼，沿着斑驳的褐色漆地一路向前，就到了那间会议

▲"两山"会址

室。环顾室内，蓝色丝绒窗帘、木制家具、吊顶上的日光灯，都是那个时代的标准配置。会议室中央，是一张椭圆形会议桌，桌边围放着 11 把普通的蓝布面黑钢架座椅。对着位置，各有一只白色茶杯放在桌面。中间内凹处有绢花一盆。会议室墙上，村规民约和村里获得的各类荣誉静静地陈列着。

在余村人的精心保存下，这里维持着 2005 年时的样子。十几年之后，空间里仿佛依旧回荡着那个温厚的声音："……其实，绿水青山就是金山银山！"时过境迁，余村在"绿水青山就是金山银山"理念的引领下已然发生了天翻地覆的变化，但其间不曾改变的是绿色的发展道路，以及这座象征村庄新生的小楼。

从"两山"会址往周边延展，称为"两山"会址公园。公园整体占地面积约 3.7 公顷，包含"两山"纪念碑、院士林、党建文化广场、文化礼堂和余村电影院等板块，由树林绿道、溪流小桥串联在一起。

游客与余村的第一个照面，就是那块刻有"绿水青山就是金山银山"的"两山"纪念碑。这块纪念碑，是余村最具标志性的热门景点。

纪念碑是整块大石，通体呈土黄色，上端略窄，下端稳稳嵌入水中，微风拂过，水动而石静，巍然矗立之感更加明显。石碑前游客如织，轮番拍照留念。大家都深知，这块碑，是余村的灵魂，到此一游，少不了它。

石碑是在"绿水青山就是金山银山"理念提出 10 周年时立下的，背面的铭文记录了立碑的过程以及其中蕴含的深意。碑高出水面 8.15 米，代表 2005 年 8 月 15 日这一特殊日子；碑重 8.8 吨，寓意着"八八战略"在浙江落地生根。正面题写的"绿水青山就是金山银山"10 个大字，撷取自清末海派大家安吉吴昌硕先生的墨迹。行书阴刻，雄浑有力，"绿水青山就是金山银山"理念借此更添了一份本土的气韵。

沉甸甸的石碑，见证了余村在生态发展道路上的收获。它如同灯塔，照亮了余村及整个中国未来的发展方向。

▲ "两山"公社公园

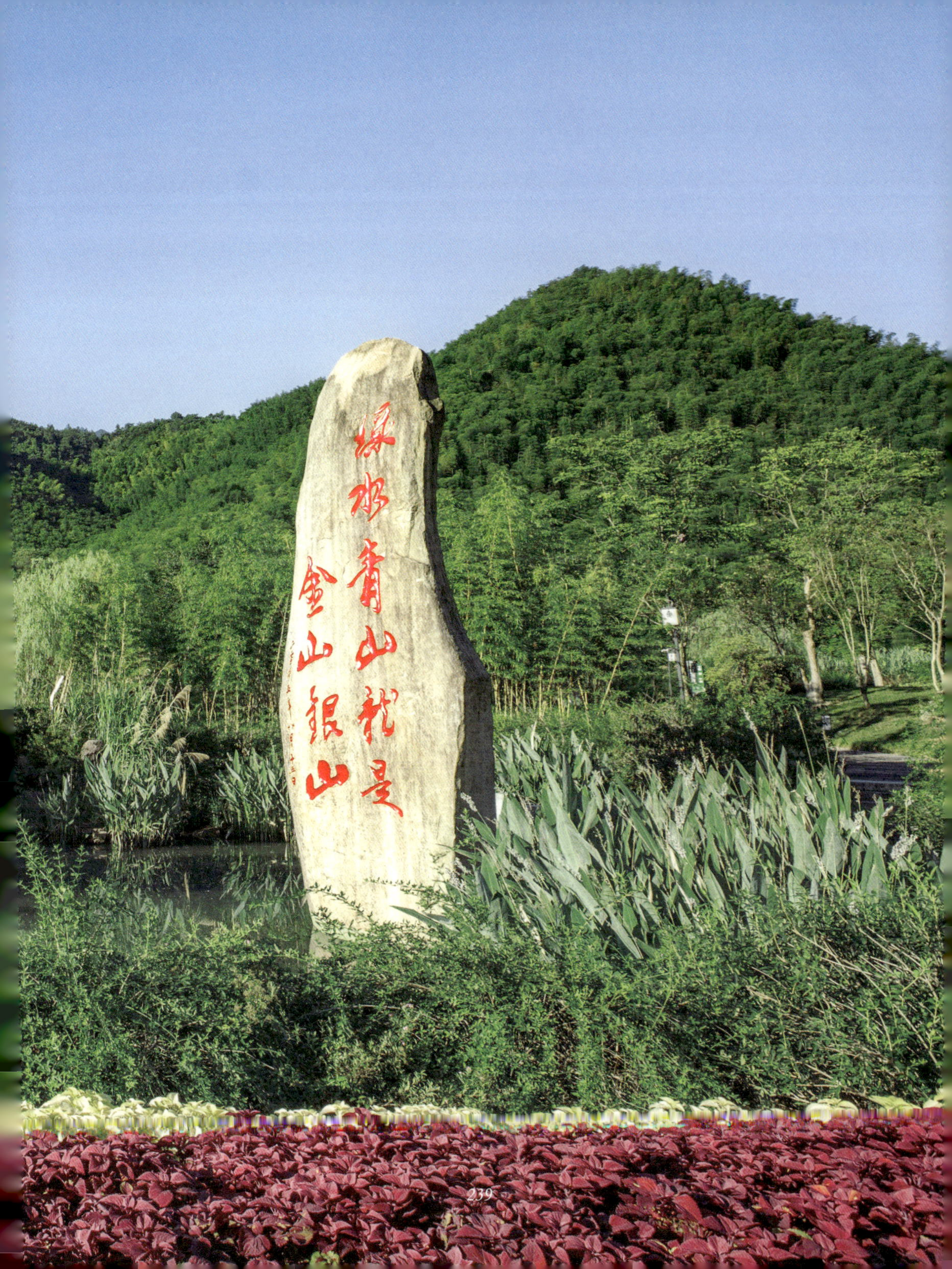
绿水青山就是
金山银山

纪念碑不远处，是一处茂盛的林子，叫作"院士林"，先后有33位院士在此种下树木。林中有一景观石，上刻有《院士林记》：

丙申盛世，美丽余村，两山实践，喜结硕果。
院士林深，报得春晖，绿水长流，青山永恒。

这么多的院士到访余村，进一步证明了这个村落的魅力。而他们种下的每一棵绿树，伴随着余村的成长，也为"绿水青山就是金山银山"理念培土添彩。

院士林里很安静，大多数树木已经挺拔参天。阳光透过树叶缝隙，细密地投射在地面上，让午后的公园变得格外雅致。

紧挨着院士林，是小广场，立着一座时尚的巨型玻璃装置。细看之下，原来是余村"世界最佳旅游乡村"的放大版奖杯，这是余村另一份珍贵的荣誉。

未来余村展厅在广场另一边。中厅内的大屏上不断跳动着数据信息，这是"数字余村"的总平台。展厅分两个板块，右侧是余村的发展历史及未来乡村的规划展，左侧是农创共富中心，有琳琅满目的余村土产，如大米、茶叶、笋干、蘑菇等，每一份都蕴含余村特有的味道。

穿过未来余村展厅，可到余

▲ 院士林

▲未来余村展厅

村文化礼堂和余村电影院，这是两幢前后排列的建筑。在余村文化礼堂，可阅读余村的村史和未来规划，也可小坐休憩，沉浸式体验余村文化。在余村电影院，人聚到一定程度，便可观赏《坚定"两山"路，奋斗新时代》专题纪录片，亲耳聆听习近平总书记"过去我们讲既要绿水青山又要金山银山，实际上绿水青山就是金山银山"的讲话。这时，厅内掌声雷动，有着动人心魄的力量——这是游人最不可错过的一个环节。

　　来余村考察参观最多的是全国各地的党政代表团。这个浙北小山村的绿色蝶变，已化为美丽中国的鲜活范本。随着大余村及余村大景区的建设推进，越来越多的普通游客也慕名而来。

　　比起纯粹的风景园林，"两山"会址公园是一处新时代的红色基地，让每个到访余村的人都心生敬意，驻足停留。

2. 无界生态展厅的"千万"风景

原本位于余村电影院后头的简约文旅驿站，现在摇身一变，已成为大气且富有设计感的"千万工程"展示馆。这座场馆，也是目前浙江"唯二"的"千万工程"展示馆，另一座在金华东阳市花园村。

"千万工程"，它的全称是"千村示范、万村整治"工程，一项聚焦于浙江本土村庄的整治行动。你可别误以为是什么投资千万元的大工程，它背后的价值，远不止千万可计。

"千万工程"这个概念最早提出，是在 2003 年。

当时的浙江农村，全然是另一番面貌。"垃圾靠风刮，污水靠蒸发，室内现代化，室外脏乱差"是对那个年代的真实写照。为了改善农村生态环境，提高农民生活质量，浙江省于 2003 年 6 月宣布启动"千万工程"，进行村庄整治建设大行动，目标是花 5 年时间，从全省 4 万个村庄中，选择出 1 万个左右的行政村进行全面整治。与此同时，把其中 1000 个左右的中心村建成全面小康示范村。

就这样，"千村示范、万村整治"工程应运而生。在整个浙江大地上，村庄整治建设大行动全面快速开展起来：清垃圾、清污水、清厕所、道路硬化、村庄绿化，农村基础设施建设不断完善，乡村人居环境有了质的提升。

各地成果连连。余村作为"千万工程"的先行者，在"绿水青山就是金山银山"理念的助力下，成为中国美丽乡村建设的微缩窗口和鲜活样板。

追本溯源，"绿水青山就是金山银山"理念是在"千万工程"的大背景下诞生的。因此，在余村有这样一座展示馆，算得上有理有据，实至名归。

余村的"千万工程"展示馆，定位为无界生态展厅，这是一个很创新的概念。具体来说，它除了有墙的主体室内展厅之外，还包括外部的水田叠影、余村画卷、硕果长廊、千万收获、零碳花园、共富之路、茶画年轮、富美竹影等九大板块内容。所谓"无界"，是因为室内展厅与外部展陈并无边界。人在自然中，已在展

馆内，人入展厅中，亦可见自然。从游客踏进余村的那一刻起，沿途所见的无论是水稻、油菜，还是菖蒲、慈姑，都是整个展示馆的一部分。

这种别出心裁的布局，令人耳目一新。

主体室内展厅由两幢建筑以嵌套的方式组合而成，形成"你中有我，我中有你"的格局。建筑外墙选用了具有当地元素的竹模混凝土，细腻的排竹印纹弱化了墙面的庞大体量，呈现出丝丝清雅秀气。外部楼梯采用了黄色。这色调，让人不由得联想到余村的秋日银杏和大片油菜花地。从设计上看，这种在高级灰调中融入跳色的做法，也让沉静的建筑变得生动活泼起来。

步入展示馆，一个机器人意外地出来迎接："欢迎走进''展示馆……"在机器人的邀请声中，展馆在人们的面前倏然打开。

室内展厅十分开阔，总面积有864平方米，分为上下两层。偌大的空间没有按常规的思维分割成几个独立的单元，除一层有一道封闭墙体，其余展厅完全互通。游客可以顺着室内楼梯至二楼展厅，或从二层另一侧的楼梯下行至一层展厅的另一区域，实现无界流动，浏览全馆。

室内布展的手法相当别致，大量运用多维全息投影，将数字技术和互动体验融入其中。核心的内容，分为"习近平与千万工程""千万工程的实施深化""千万工程的安吉窗口""千万工程的生态价值转化""共富乡村的奋斗求索"

▲无界生态展厅

如此青绿
SUCH A VIBRANT GREEN

第六部分　不是在博物馆，就是在去博物馆的路上

五个篇章。沉浸式场景打造，亲历最有感觉，无须多言。

"千万工程"展示馆的这种"无界"，也体现在建筑设计上。展示馆的正面墙体采用大面积玻璃设计，既增加采光，又打通了由内到外的观赏视野。

二楼室外是一个观景平台，内外楼梯均可抵达。无论何种顺序，都可从多个角度浏览室内室外展区，感悟出两个空间的不同调性。

▲ "千万工程"展示馆内景

主建筑外的延续部分就是室外展区，展陈独具匠心。

水田叠影中种植着成片水稻，饱满的穗子正向俯看它的游客们慢摇致意。由于最靠近观景台，阳光灿烂的日子里，水面可以清晰地倒映出建筑物的样子，在水波涟涟中构成一种新的融合。

千万收获板块，栽植的是油菜、玉米和高粱。多种作物被划分成有序的区块，集聚的色彩呈现出花海的旖旎之姿。蜂蝶飞旋，昭示这片田野的生机。等到各自的收获季节，它们将会有序退场，完成一场跨界的交融。

农作物的美不止于观赏性，更在于其背后那份有关丰收的感动。我们从过去的贫困饥饿中走来，时间不算太久，对粮食的敬意根植于心。这种感动是对生之不易的喟叹，是对温饱富足的长久期盼。

至于余村画卷、硕果长廊、零碳花园、共富之路、茶画年轮和富美竹影这些板块，要在更远、更高处观赏，或者干脆融入其中——走进大余村的每一个角落，只要用心体验，都是"千万工程"展示馆的组成部分。

20年来，"千万工程"造就了无数美丽乡村，它像一面旗帜，带动浙江乡村整体人居环境领先全国。时代发展，"千万工程"的含义也不断更新，从"千村示范、万村整治"到"千村精品、万村和美"，再到"千村示范、万村共富、全域和美"。而这一路，余村都走在了前列。

到乡村去，不再是无奈的选择，而是时代的召唤。

▲"千万工程"展示馆全景

3. 看！那是江南天池 10877 号星

▲江南天池星纪念碑

英国作家王尔德说："我们都在阴沟里，但仍有人仰望星空。"多少年来，星空一直作为神秘、梦想、浪漫的隐喻，存在于人类的视野中。它与夜色共生，寂静浩渺，几近永恒。它见证着"危楼高百尺，手可摘星辰"的奇异幻想，也承载了"星空灿烂，寂静汹涌"的怅然孤寂。

每一次观星，都是一次跨越时光的邂逅。因为相隔成百上千光年，星星的光芒要花很长很长的时间才能到达地球。光阴在此间穿梭，渡过漫长星河宇宙，最终落入你眼眸的，该是怎样的超级浪漫。

忙碌奔波的你，是否已经很久没有停下来仰望头顶的星空了？抛开日常烦琐的事务，你是否也想知道，穹顶之外的世界是怎么样的？

那就到江南天池天文馆，做一回灵魂自在的"追星族"吧。

江南天池，位于天荒坪群山之巅。因其独特的自然环境，成为看星星的好地方。2009 年 7 月 22 日，中国长江流域出现 500 年一遇的日全食奇观，持续时间最长可达 6 分钟。世界天文学界称此次日食为"中国日全食"，而且国际天文学联合会认为，这次日全食的最佳观测点就在安吉天荒坪上。

为了"追日"，25 个国家的天文学家在江南天池边驻扎了一个多星期。日全食那天，来山顶的游客以及天文爱好者多达 3000 人，整个水库的边上，"长枪短炮"，密密麻麻。

也就是在这次盛会之后，苏州天文学爱好者陈韬向国际天文学联合会提出了申请，希望以"江南天池"命名天上的一颗小行星，几经周折，终于成功。2012年12月，国际天文学联合会太阳系小天体命名委员会寄来证书，正式命名永久编号为10877的小行星为"江南天池星"。

不久后，中国科学院上海天文台在江南天池旁建立了一座天文馆，架设了两台国内先进的大型天文望远镜。这个景区再次名声在外，除了"高山出平湖"的自然景色，去天荒坪看星星、看日出，成为对游人的另一种召唤。

天文馆就位于天池一侧，由三座建筑组合而成。远远看去，可见三个圆顶，宛如轨道天体，格外醒目。从建成至今已十余年，仍有足够的人气。它不仅是面向大众的观测站，而且是上海天文台的专业科普基地，一年四季都有天文爱好者来此寻找宇宙奥秘，络绎不绝。

天文馆一楼为天文纪念品店、休息区；二楼分为地月厅、星座厅、太阳厅、古代仪器展示厅等；三楼为天文观测室，包含天象展厅、科普展厅、天文观测平

▲江南天池天文馆

台等区域。每个大系统中又穿插小系统，整体流畅，逻辑清晰，走在其中就如同翻阅一本科普著作。参观者可以在这里了解星系、古代天文仪器，学习天文知识，也可以自己动手，制作各种星体模型，与星空对话。

天空晴朗的夜晚，是最佳的观星时刻。为了创造最好的观测环境，景区不设朝天灯，所有路灯都加戴灯罩。即便到了冬季滑雪时节，景区也仅仅每隔半小时开灯 2 分钟查看造雪效果，其他时间继续关灯。正是管理者的用心，这里的夜晚足够黑，让带着心愿的人们有机会看到更多流星。

不过，对于天文爱好者来说，少男少女们追寻的流星已不具备诱惑力。天文馆的"镇馆之宝"——那台从意大利进口的 80 厘米光学望远镜令人无法抗拒。这是整个中国用于科普的最大口径的天文望远镜，只有在江南天池天文馆，普通民众才有亲身体验的机会。

这台神秘的仪器，就在天文馆中心的圆顶内。它通过收集目标的光线来呈现图像，可以清晰地看见月球表面，也可以观测到银河系以外的星球。

强大的功能，能充分满足

▲在江南天池观天象

专业人士对宇宙星系的探索。但也因此，这个"镇馆之宝"特别忙，一般预约不上。于是，江南天池天文馆开发了一个互联网共享平台，让有需要的人远程使用这台望远镜。只要在网上提交申请，并委托天文台专家来观测指定的内容，便可获取相关数据，与亲临无异。

天文馆内还有一台40厘米口径的望远镜。对普通人来说，如果那台大的被占用了，不妨退而求其次，看看那颗10877号小行星，也很不错。

扩建后的江南天池天文馆，新增了直径8米的激光投影球幕天象厅，以及模拟航天发射和降落的虚拟现实（VR）互动项目，改变了传统静态式的展览模式，大大提升了参观者的互动体验感。

激光球幕影院内，影片《宇宙航行》正在播放。巨大的银幕和超强的视觉冲击力，震撼双眸。有时还会放映《保卫地球》《太空探宝》等节目，同样充满趣味和刺激。影院可同时容纳50人，大家一起感受着立体声环绕的外太空音效，如身临其境。

在VR体验区，有火箭升空、滑雪、拳击、过山车、海盗船等有趣项目。精心设计的氛围、灯光、音效和沉浸式场景，让体验者的惊呼声此起彼伏，将排队等候的人的期待值拉到了最高。

游客还可以享受一把真正的"仰望星空"：躺在特制的座椅上，伴随着悠远的音乐，屏幕上呈现出天体、银河、星云、黑洞等神秘元素，全景展现天体的运动、宇宙的变迁。墙壁、座椅和地板此刻全方位配合你的视角，直到你分不清是人动还是景动，最终心甘情愿地被它的魔力折服。

除了图文科普展板、陈列展品之外，天文馆中可互动的展品超过一半，你可以操作各种各样的仪器，亲自探索宇宙的奥秘。

从江南天池天文馆出来，心情很是轻松，些许烦扰已荡然无存。你会发现，宇宙这么大，小小的个人，一粒尘埃而已。

4. 竹的千万种可能

去安吉，有太多的地方可以看竹，且不说中国大竹海、竹博园等观竹胜地，就是站在任一处路边，都可以看到有绿竹丛在向你招手。

但关于竹，安吉还有很多别致的小众地方，比如竹印象故事馆。

位于天荒坪镇马吉村的竹印象故事馆，创建于2012年。这是一个小型的私人企业展馆，但这里却最能展示安吉竹业的现状。里面几乎能买到所有和竹有关的产品，因此还得了个名号："竹的奥特莱斯"。

故事馆的老板叫曹小生，在安吉的竹林里长大，与竹子结下了不解之缘。他2003年开始创业，先是经营竹编工艺品出口欧美市场的业务，到2009年，企业转型至竹纤维家纺领域，创立了"竹印象"品牌。此后便一直致力于竹纤维产品的研发设计，竹印象故事馆也由此诞生。

在竹印象故事馆前面的草地上，一座巨大的圆形全竹建筑悠然而立，里面摆放了竹制的跷跷板、桌椅、秋千等物件，很是宽敞。通透的空间中，风可自由穿行而过，加之竹本自带凉意，成了一处难得的夏日纳凉之地。

许是为了应景，草地上特意摆放了几只软萌的熊猫，那姿态仿佛刚从屋子中跑出来，在此嬉闹招客，带领游人进入身后的故事馆核心区。

一进故事馆便可见一个巨大的球形竹编。"它叫圆满，我们希望每个来竹印

象故事馆的人都能生活圆满，事业圆满。"工作人员笑着介绍说。

圆满！真是好名字。据说它用 18888 根竹条，由 8 个工人耗时 28 天编织而成，深 7.8 米，高 8.5 米，宽 8.5 米。这段不知道有多少个"8"的幕后花絮，一眼便知主人用了心思，希望将无限好运和祝福都注入其中。

馆内正播放一部关于"竹印象"的纪录片，在屏幕前停留几分钟，便能了解安吉如何与竹共生共长，聪明手巧的安吉人如何将一根竹子变成艺术品和贴身衣物，以及畅想竹子究竟还有多少种令人惊掉下巴的可能。

吃竹、用竹，是竹乡人最原始的物尽其用。吃竹，一般是指吃笋，吃不完的则制成笋干；用竹，指的是制作各种竹器，包括实用器和工艺品。时至今日，聪慧的安吉人又多了一项"穿竹"，就是运用竹纤维制作成纺织原料，继而制成各种服饰、毛巾、床上用品等。

在传统的印象中，竹是"咬定青山不放松"的硬家伙，而在这里，我们更多看到的是纺织品类的软东西。能让坚硬的竹子化作"绕指柔"，其中少不了科技的功劳。对我们来说，确确实实是颠覆了"竹印象"。

竹纤维是从竹子中提取出的纤维素。这种原材料因为过于细微，肉眼是看不到的。含竹原纤维的织物具有良好的透气性、吸水性、耐磨性和染色性，而且还有抗菌、抑菌、防臭和防紫外线等功能。作为家居纺织原料，它有着得天独厚的

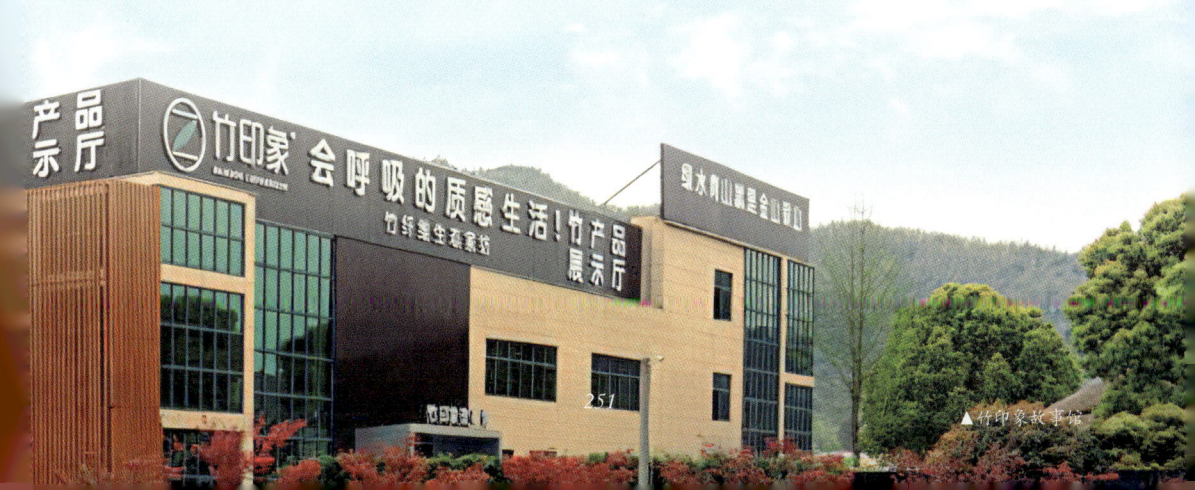

▲竹印象故事馆

优势，成为纺织业地地道道的"奢侈品"。

这么说有点儿广告味道，但科技的创新不容置疑。从某种程度上说，竹纤维织品的出现，引领着传统家纺产业向生态家纺产业变革。

在竹印象故事馆，竹纤维和它的"兄弟们"有了一个很直观的秀台。竹纤维素、竹纤维纱线、竹纤维毛巾，被整齐地排列在墙边的展台上，参观者可以清晰地感知到其成分的粗细和形态的变化。

馆内还摆放着一台织毛巾的机器，工作人员会现场演示竹纤维毛巾从丝线纺织成布的过程，对于从未接触过纺织业的人们来说颇为新奇。

▲各式竹产品

这里也有专门的竹编教室，如果提前预约，可以亲手体验传统竹编技术，由老师傅亲自教学，做好的作品还能带回家。这不，一群小朋友正在认真地学习编织小竹篮，准备做小竹匠呢。

在竹印象故事馆购买旅游纪念品，可以一站式解决问题。这里除了竹纤维，还有其他能想到的安吉所有竹制品。听一个游人说，早知道这里东西全，就把它设为本次旅游的最后一站好了，省得背着特产走一路。

有故事，有商品，有体验，是竹印象故事馆的三大特色。

余村有很多特色展览馆，各有专攻。与竹子相关的，还有一个竹林碳汇展示馆，不过，它还在建设之中。

▲ 竹编

竹产业是安吉的重要产业。近年来，成本上涨及市场需求下跌，直接导致竹农收益下降，百亿级产业背后，隐藏着一丝危机。

如何提高竹农收入，是安吉当下最重要的发展课题，而试水竹林碳汇，成了竹业发展新模式。2021年底，安吉"两山"竹林碳汇收储交易中心启用。其经营模式，就是村集体将农户的林权统一到合作社，集中经营，持续产生碳汇。这些碳汇被"打包"收储到当地"两山"合作社，再交易给需要"购碳"的企业。

平台上线当天，5个村合作社卖出了2.14万亩竹林3年产生的竹林碳汇。根据当时交易的价格，"竹林空气"的收益达到了108.62万元。

真是"活久见"——余村的空气也能卖钱！

经过测算，安吉毛竹林每年可产生碳增汇量近34万吨，每年可产生碳汇收益2380万元。卖碳就知足了？显然不是。安吉要干的是以竹林碳汇为支点，撬动金融杠杆，实现竹业二次振兴。

▲毛竹林

规划中的竹林碳汇展示馆，在余村罗子坞区块。展馆建筑占地面积2250平方米，布展面积2850平方米，主要功能就是竹林碳汇科普展。其展陈意义在于向公众宣传碳汇知识，引导民众关注气候变化。

碳汇看不见、摸不着，且相关专业知识又太深奥，科普难度大。为达成更好的宣传效果，这个展馆将大量运用增强现实（AR）数字技术，向来访者展示大余村这片竹林是如何妙变成"碳库"的。参与者可以通过感受竹林碳汇空间的温度、声音，细心体验从二氧化碳到一棵竹子的物质转换过程。

作为全国首家竹林碳汇展示馆，余村人总是如此敢为天下先。

对余村人来说，"竹林碳汇"不是个新名词，但建一座竹林碳汇展示馆，便又是一件新鲜事了。

5. 千茶万别，一茶一世界

阳光透过清澈的玻璃，茶叶浸润在茶汤中，伴着微风浮动，泛出粼粼光泽。清茶芬芳由近及远飘荡开来，在光的掺和下，茶器仿佛有了生命。

此刻，一场隐逸在青山之中的茶事正在上演。

这个地方叫"千茶万别体验馆"，就在银坑村一座雅致的建筑物内。大竹海的绿色成了它的背景，天下银坑的传说成了它的传说，还有那曾经在此轮番上演的电影，成了它最为时尚的装饰。

千茶万别体验馆内，容纳了3000年中华茶文化，收藏了千奇百怪的茶品，采集了各不相同的茶俗，涵盖了茶科普、茶旅游、茶观赏、茶体验等功能……但最终，都汇聚成一盏清茶。

这是一座院落式建筑，总面积约为2500平方米，不算大，但在村落中有一个这样的场所，也是很不容易了。

庭院以青石铺就，石板的缝隙中是绿茸茸的小草，在沉稳中潜藏着小小的张扬。院中多栽细竹，疏影横斜，错落有致。门庭开阔，素色木窗与白墙相互映衬，而黛瓦又为这江南空蒙山居注入一抹浓郁墨色。

门上是古风的栅格，如修长的君子，自有一派儒雅之气。轻轻一推，便滑向旁侧，仿佛有个长衫少年向你拱手作揖。入内，传来高山流水之音。入眼的是清透的竹帘，隔断视线的也是这些竹帘。这种不循常规的布局，令人期待：那素雅复叠的背后，是否有一位簪花女子，正在纤手抚琴？

一时间，感觉就是令狐冲初遇任盈盈的场景。在洛阳城外的绿竹巷，任盈盈于竹帘之后为令狐冲弹奏《清心普善咒》。书中说，这曲子"柔和之至，宛如一人轻轻叹息，又似是朝露暗润花瓣，晓风低拂柳梢"。

安吉自古产茶，《茶经》中将其列入中华八大茶区之一。这里有白片、九亩甜茶、九亩苦茶、细幼青、天目雪尖、苦岭茶、龙王碧芽、千蕊茶、大溪顶谷

▲ 千茶万别体验馆

花瓶茶、龙峰春芽、梓坊雀舌、毛峰、隐将细芽、禹园碧玉、曲玉、松针、大北路茶和大阴山米茶等茶品。最为著名的，当数安吉白茶。

如此，在大余村内有这样一座关于茶的体验馆，便属自然。

人们对茶居美学的追求从未停止过。在传统底蕴的基础上，"千茶万别"融入新的审美情趣，体现了现代人对当代茶文化的新思考。依托银坑村的地势，体验馆融于溪谷之间，幽深宁静，在建筑材质选用上，挑出了竹、石、木、纸等具备东方气质的元素，并以全新的秩序来表达设计者的理念。

存在、生长、新生，是一片茶叶背后的历史涌动，也是体验馆在茶厅设置上隐含的脉络。馆中的茶史厅，介绍了中华茶文化的起源和发展历程。其中部分资料翔实新颖，当可温故而知新。摘录一二，如下：

——古巴蜀一带是茶文化的发源地。

——魏晋南北朝，中国茶文化初形成，但饮茶者多为贵族、士人。

——唐代，茶叶进入寻常百姓家。茶始征税，始定名，始成书。

——陆羽《茶经》的问世，把茶文化推向了一个空前的高度。"自从陆羽生人间，人间相学事春茶。"

——两宋斗茶成风，从帝王将相、文人雅士到市井百姓，无不兴致盎然。

——明清时期，东风西渐，欧洲饮茶之风盛行。茶叶成为远洋贸易的重要货物。茶，也成为世界对中国的另一个印象符号。

"开门七件事，柴米油盐酱醋茶。"一句话便道出了茶与中国人生活的紧密关系。茶事厅中展示了历代茶人摸索和积累的有关茶树种植、采制、保存、品鉴、应用等知识，以及因茶而衍生出的各类茶事文艺活动。

另一个空间是茶萃厅，以中华传统六大茶类及对应的实物展示为主，辅以多媒体介绍。六类茶是指绿、红、青、黄、白、黑茶。加上花茶、紧压茶等再加工茶，厅中共有上百种茶叶，且每一样都有实样陈列。

茶俗厅展示各地茶会风俗，包括茶饮的器具、流程、手法和逸事。这里的空间布置成一个茶馆的雅室，墙上挂字画，桌上置黑釉茶碗，煮茶、调茶、沥茶、分茶器具一应俱全，古风之意极盛。上座主位背靠上是一银色圆盘，宛如皓月当空。主人落座，三五好友品茗，颇有月下对饮的优雅惬意。

手边摆放的茶帖详细写着茶会主题、地点、时间、器物、服饰等，是茶会上用于记录的不可或缺的重要物件。茶帖的纸张特意挑选了半透明的素色纸，薄如蝉翼的茶帖，透过光，每个字都闪闪发亮。在幽柔的光线中，净瓶内静置的一枝百合，兀自暗香浮动。

体验馆中，还有更多的空间供人前来品茶。所谓缘，意在随心而动，自然遇见。以茶会友，此间是最好的去处。

在一些特别的角落，可凭栏而立或倚窗小坐，皆随心意。远可看大余村的群山起伏，近可观银坑村的斑竹点点。

▲品茶

步履匆匆，按部就班，早晨用一杯咖啡提神，晚上在一辆出租车上安放疲惫，这是无数现代人的日常切片。面对越来越快的生活节奏，如何让自己慢下来，去感受生活的本味？茶，便是最温和的自我皈依。

花影一帘，茶席一方，简单朴素，不落尘俗。品茶，意不在茶，更在于心境。伴着悠扬的古琴曲，看茶叶在水里舒展，起起伏伏，悠悠扬扬。在那一刻，所有的压力和郁结，都被这氤氲香气抚慰消弭。

茂林修竹、院落清朗、焚香插花、琴韵悠悠……这正是古人偏爱的茶雅世界。而在千茶万别体验馆，这些都有了。约上三五知己，围桌品茗，佐诗以乐，在这个空间中，偷得浮生半日闲，不亦乐乎？

一炷香，一盏茶，在银坑的山溪草木间，时光流转，云水千年。

6. 姚家大院，追寻远去的记忆

天荒坪镇有一个村叫"井村"。在清代，这里人口众多，曾有 72 口井，故得此名。又因村址依山傍水，风景秀丽，亦称"景村"。

在井村，有一座青藤缠绕的高大宅院，就是姚家大院。

清嘉庆二十三年（1818 年），徽商姚斯侯从安徽桐城南姚庄到孝丰浮玉乡，就是现在天荒坪镇，发现这里有一座老宅是风水宝地，于是便买下了老宅。经过几代的发展，姚氏成为当地首屈一指的大户。清末民初，这座大院经历了改造重建，前后 20 余年。现在的规模，应该是改建后的基本格局。

已有 200 多年历史的姚家大院是浙西山区至今保存最完整、规模最大、内涵最丰富的私家庄园。整座庄园的围墙皆采用卵石叠筑，清幽简朴，貌不惊人。院内木雕刻、青砖雕刻质地细腻，线条挺括且雕工精致。

70 多年前，粟裕将军曾在姚家大院运筹帷幄，成功粉碎了国民党顽军的进攻，为壮大浙西抗日根据地打下了坚实基础。这段光彩熠熠的历史，让姚家大院古老的门墙为之自豪。

1945 年 2 月，第一次反顽战役结束，新四军首战告捷。为了更好地配合新四军控制莫干山以及杭嘉湖敌后地区，建立前进基地，粟裕司令员进驻马吉村吴家道，在吴家大院设立前线指挥部，同时，把司令部、政治部、卫生部和供给部等都设在了一溪之隔的井村姚家大院内。

进门边的小瓦平房和右侧平房，便是战争年代的军人用房。新四军战士们在大院里进进出出，斗志昂扬，也带动了井村村民们的战斗热情。"吃菜要吃白菜心，当兵要当新四军。"这首在老百姓中流传的歌谣，描述的就是当年浙西人民支援和配合新四军进行战斗的情景。

在粟裕、叶飞等同志指挥下，新四军以少胜多、三战三捷，共歼顽军 1.2 万余人。通过这一战，浙西抗日根据地得以开辟，苏南、浙东抗日根据地也得到了巩固发展。这是新四军史上一次重要而出色的战役，也是安吉革命史上光辉的一

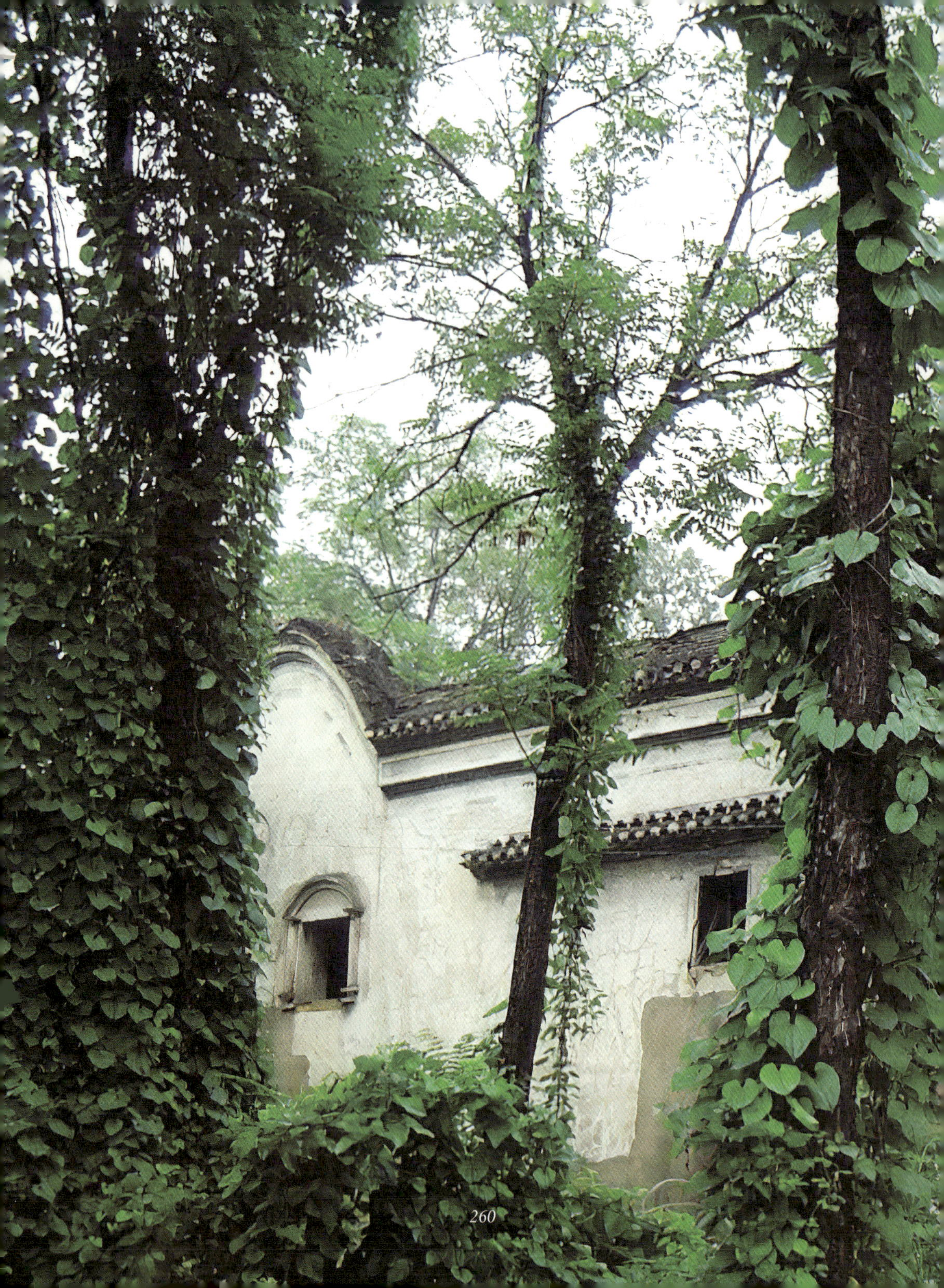

▲姚家大院

页。而这座姚家大院，也已与这段历史融为一体。

　　青瓦白墙，石阶木门，不伸手去推开这扇嘎吱作响的大门，也许永远无法了解姚家大院有如此厚重的历史。

　　"高墙深院小窗户，肥梁瘦柱内天井，粉墙黛瓦马头墙"，姚家大院是典型的徽派建筑。四周围墙选用当地溪石筑成，厚0.5米，高3米，坚固如城堡。古院大门也十分气派，可知它从前的显赫。

　　姚家大院最辉煌时占地面积约20公顷，园内建筑近300间。历经百年，大院内至今还完好保留了小姐楼、风火墙、太湖石垒砌的假山和玄机洞、放生池、戏春台、胭脂井等建筑。私家花园中，种有多种竹子和名贵花卉乔木。

　　正院门位于南墙偏西处，门外两侧有上马石、抱鼓石，并置一旗杆石。大门东侧设有岗楼，是大院的制高点。院内有天井、正厅、过厅及后楼、厢房等建筑，每座建筑均用卵石叠筑的防火墙相隔，防火措施非常周密。

　　沿着细碎的卵石小道往前，就到了大院的主楼。这是一幢二层砖木结构建筑，光线有些幽暗，两边是黑旧高深的老墙。墙缝一角，有青绿的野草偷偷探出头来，这小小的绿植，更增岁月更替的痕迹。

　　大院里的西楼，结构宛如一个"女"字，俗称小姐楼。依次分布三个房间，是姚家小姐日常生活起居的地方。走上木楼梯的那一刻，想象自己也是明清时大宅门里的女子，长裙拖地，步履细碎。吱吱咯咯声中，几束细微的光从窗格中漏出，扬起些许尘粒，一闪一闪，搅动了岁月的安静。

　　小姐楼下的院落中有口水井，称"小姐井"。遥想当年，姚家小姐就是用这口井中的水沐浴洗漱，该是怎样一副楚楚动人的模样。可惜，斯人早已作古，唯留后人胡思乱想而已。

　　小姐楼右拐，沿着青石小路往前走，就到了大院的后花园。花园中嵌着一个放生池。放生池边，古木参天，水面上倒映着斑驳的老墙，流动着婆娑的树影。可以想见，这是一个有情调的大户之家。

▲新四军苏浙军区纪念馆

▲ 姚家大院

在徽派风格的大院中，天井是一家人生活的中心。男人们在这里谈古论今，而女人们则在旁边做女红、带娃。日子就这么过去，一代又一代。

古宅里的祥和生活一去不返，但这里的一砖一瓦、一墙一门，把遗落的故事串联起来。院中的几棵樟树应该与老屋同龄，它们会记住很多往事。

中华人民共和国成立后，姚家大院的部分建筑分给了当地老百姓，其他保留下来的房子一直作为国家粮库。后来，姚家大院经过整修开发，成为安吉历史人文旅游与红色旅游相结合的景区，也被列为第六批省级重点文物保护单位。

现在，这座大院已无人居住，但依然延续着作为红色文化展示馆的功能。政府对姚家大院进行了进一步的修葺，修旧如旧。游人如今所能看到的整体风貌，基本是按照民国时期的原有风格重建的。

▲姚家大院

大院的主楼为五开间二层楼，现在已开辟为粟裕纪念馆和新四军三次反顽战役展示厅。展厅中，第一幅照片就是解放战争中的粟裕将军，睿智的双眸显示了他过人的谋略。粟裕将军在安吉一带带兵艰苦奋战，以少胜多，屡创战果，留下很多传说，村中的老人说起他来都会热泪盈眶。

展览通过大量图片和文字资料，生动形象地展示了新四军三次反顽战役的全过程。展厅内还陈列着当年新四军的生活用品和一些战斗器械，这些曾经带着硝烟的展具，让观众顿生敬意。

在姚家大院漫步，似乎能看到粟裕在此坐镇指挥的情境。夕阳西下，鸟儿成群飞过，这段红色的历史，让这座大院变得鲜活起来。

▲ 余村的礼物

266

第七部分
PART SEVEN
来自绿水青山的问候

  旅途的体验是属于一个人的享受,很难用语言表达。这时候,挑几份他乡的纪念品与身边的朋友分享,便会让旅程的快乐倍增。况且,在若干年后,这些小小的物件还能为这一趟行程追寻些许回忆。

  比起目的性强的打卡式探店,在大余村购物要显得轻松随意许多。在大街小巷散步、闲逛,走到哪里算哪里。偶尔瞟中了某款东西,就可以停下脚步,和老板娘唠唠余村的过去和现在。这里的人都很热情,也很为自己是余村人而感到自豪,一来二去,价格就砍下来了,于是成交,老板还有可能请你喝杯茶。

  大余村的旅游纪念品没有特别高档的东西,大多是安吉本地的土特产,价格也不贵。比如千奇百怪的竹制工艺品、本地的山货、"两山"文创纪念品等,这些东西带回家送人,最能表达"一点儿小心意"。

  邂逅一处景,相逢未尽时。告别余村前,请将你的行囊装满,揣着这一片绿水青山的问候,满怀欣喜地离开这个值得赞许的地方。

1. 在竹乡，可带走什么？

竹，是大自然千万植物中的普通一族。它以顽强的生命力成为地球上森林资源中蔚然庞大的群体，全球竹林面积总计约 2200 万公顷。

中国是最早研究、培育和利用竹子的国家。传说神农氏以竹木制作农具；轩辕氏以竹、木、石为武器战胜蚩尤；黄帝时的伶伦取竹制作乐器；伏羲氏用竹做卜具和渔猎工具……今天，仍有大量的竹制品用于生产生活之中。

安吉先民早就有"食者竹笋，庇者竹瓦，戴者竹笠，烧者竹薪，衣者竹皮，书者竹纸，履者竹鞋"之说。在这片土地上，人们与竹子构成了千丝万缕的联系，竹子渗透到了生活的方方面面。

安吉竹产业先后经历了资源经济化、经济生态化、生态经济化 3 个阶段，实现了从养原竹到卖原竹、从用竹竿到用全竹、从物理利用到生化利用、从单纯加工到链式经营的 4 次跨越。现在的一棵竹子，从竹竿、竹根、竹鞭到竹叶，甚至最细碎的竹屑，都可被 100% 加工利用。

在安吉，竹子用途有千百种，到了你想象不到的程度。

大余村中有大竹海，是安吉竹业的主产区。因此，这一带的竹产品非常丰富。选几样竹产品带回家，"余味"才不会因旅途的结束而消失。

竹之用

对于中国人来说，竹自古便与生活密不可分。一根竹子，小可做牙签，大可做屋舍。劈竹成篾，可于十指间幻

▲ 安吉竹产

化出万般模样。

  一只小小的竹蜻蜓，是挥之不去的童年记忆，乘着少年人的梦，飞遍故乡的大街小巷，落入奶奶的竹篮。回到家，爷爷正编着小竹席，笑呵呵地说今晚能让娃娃睡个凉快觉。夜晚妈妈摇着竹扇子，轻轻摆动，不知疲倦。

  在大余村的街巷，你会发现这些远去的记忆被完整地存放着，并欣喜于它们拥有了新的生命力。这边的手工艺人心思缜密，所产的竹器质量好，种类多，不仅坚固耐用，而且与时俱进，融入了很多时尚元素。

  竹之用，最常见的便是竹器具。家用竹器有毛竹的节理和底色，带着淡淡的竹香。竹器具在老一辈人眼中最普通不过，如果在现在的家中还有那么一两件，返璞归真之外，还会有一份不可名状的别致。

  适合日常家用的，有竹躺椅、竹交椅、竹篮、竹箩筐，也有竹筷、竹铲、竹勺、竹砧板、竹杯垫、牙签，还有竹凉席、竹窗帘、竹坐垫、竹枕套、竹拖鞋等。其用料扎实、制作精良、创意新颖，真是令人爱不释手。

  适合儿童的，有竹龙、竹蜻蜓、竹积木、竹汽车、竹哨子，以及竹刀、竹剑等十八般兵器。这些用竹制成的童趣十足的各色玩具，曾经装点我们的童年，也将成为一代又一代孩子成长的玩伴。

  适合老人的，有痒痒挠、竹拐杖、竹编扇，以及各类按摩器。自然朴素的气质，简单不变的模样，最讨老人欢心。

  适合女士的，有创意竹编包。扁扁的手包，或方形、椭圆形的小挎包，形态各异，极具时尚感。包包用很细的竹篾编成，图案精致。提手是精选的特种竹节鞭，有些还装饰了蓝印花布或小挂件，既古朴典雅，又时尚大方。最主要的是纯手工打造，你拥有的，可能是世界上独一无二的孤品。

  安吉竹编包的匠心设计，丝毫不输名店里的大牌包包。其中一款叫"水滴竹拎包"，曾经获得过礼品界的"奥斯卡"——华礼奖金奖。而且，听说国际大牌箱包商还和安吉的竹编艺人出过联名款竹包包。

▲春笋破土

竹之食

白居易有《食笋》诗，赞安吉竹乡之盛景：

此州乃竹乡，春笋满山谷。山夫折盈抱，抱来早市鬻。
物以多为贱，双钱易一束。置之炊甑中，与饭同时熟。
紫箨坼故锦，素肌擘新玉。每日遂加飱，经旬不思肉。
久为京洛客，此味常不足。且食勿踟蹰，南风吹作竹。

笋，竹之嫩芽，味鲜，可食用。中国人食笋的历史有 3000 多年，古时的笋更被列为贡品，可见其地位。

鲜笋味道极好，但不易保存，也不便旅途携带。因此，精制的笋干可作为替代品，满足游人和家人朋友分享一口"余村之鲜"的愿望。

笋干的品种很多，可分红笋干、雷笋干、旱笋干、石笋干、毛笋干等。其中，在余村能买到的多为红笋干和扁尖笋干。

笋干的加工过程不算复杂。新鲜的笋被剥壳洗净后，经过煮、漂、切片、烘烤等步骤，便制成了干燥坚硬的笋干。整个过程不使用任何添加剂，既保证了笋干的原汁原味，又符合绿色食品的安全健康要求。

笋干易于保存，只要做好密封和干燥，可存 2 年。它不仅能辅佐名菜，而且有相当的营养和药用价值，因为竹笋性味甘寒，还具有解暑热、清脏腑、消积食、生津开胃、滋阴益血等功能。有养生学家认为，竹林丛生之地的人们多长寿，且极少患高血压，这与经常吃笋有一定关系。

打开即食的笋制品也很丰富。如笋丝、笋片、竹笋饼、嫩笋尖、花生笋干等，口味很多。笋丝之类既可作为零食，又能充当下饭小菜，是旅行途中最好的休闲食品。

除了笋，安吉的竹林里处有一种乡竹共生的菌类，名叫竹荪。

▲安吉农家笋干

　　竹荪是寄生在枯竹根部的隐花菌类，形状略似网状的编织物，有深绿色的菌帽、雪白色的圆柱状菌柄和粉红色的蛋形菌托。

　　最为特别的是，在它的菌柄顶端，有一围细致洁白的网状裙从菌盖向下铺开，因此被人们称为"雪裙仙子""真菌之花""菌中皇后"。

　　虽然没有笋的知名度那么高，但竹荪的营养价值极高。它具有24种营养成分，谷氨酸含量高达2.3%，是一种名贵的食药兼用型保健食品。竹荪通常的做法有清炖竹荪、竹荪炒鸡蛋、竹荪汤等，每一道都是可口的佳肴。

竹之雅

　　自古文人多爱竹，竹子虚中洁外，生而有节，秀逸而富有神韵，这些自然特征恰恰与文人们所追求的精神气质相吻合。

　　古代文人咏竹、画竹，留下了不少名作。文人爱竹，除文笔寄情，也赏玩与竹有关的一些雅物,比如竹刻、竹根雕、竹扇、竹笔筒等。这些以竹为载体的艺术品,依托竹材的本质,加上工匠巧思,往往成为极珍贵的孤品。

竹刻,也称竹雕,是竹乡安吉民间的一种传统艺术创作。赵汝珍在《古玩指南·竹刻》中说:"竹刻者,刻竹也。其作品与书画同,不过以刀代笔,以竹为纸耳。"言简意赅,概括得颇为精妙。

安吉竹刻历史悠久,明朝中叶时,已十分成熟,成为一种艺术门类。

竹刻主要有翻簧和留青两种。翻簧,多在很薄的竹簧表面,以阴纹浅刻为主,亦有施以薄雕的;留青,则留用竹子表面的一层青筠,作为雕刻图纹,然后铲去图纹以外的竹青,露出下面的竹肌质地。竹刻多是小器,但一器之微,往往穷工极巧,精雕细琢,故而成为很多文人雅士的珍爱之物。

安吉竹刻手法新颖,品种丰富,有很强的艺术观赏价值。

▲安吉竹刻

竹根雕是竹刻家族中的一个支脉,它以生长在泥中的竹根为原料雕刻加工而成,可做摆件或者挂件,供人赏玩。

竹根雕利用竹根的天然形状和节疤,可制成佛像、人物、蟹或蟾蜍等艺术形象,多有平安长寿、祈福避灾、招财进宝之意。艺人选取竹子靠近根部的一段,根据本身的肌理和根须的走势,巧妙取材,雕琢成最适合的艺术品。

根艺是一门讲究七分自然、三分人工的艺术,完成一件好的根雕作品,要经

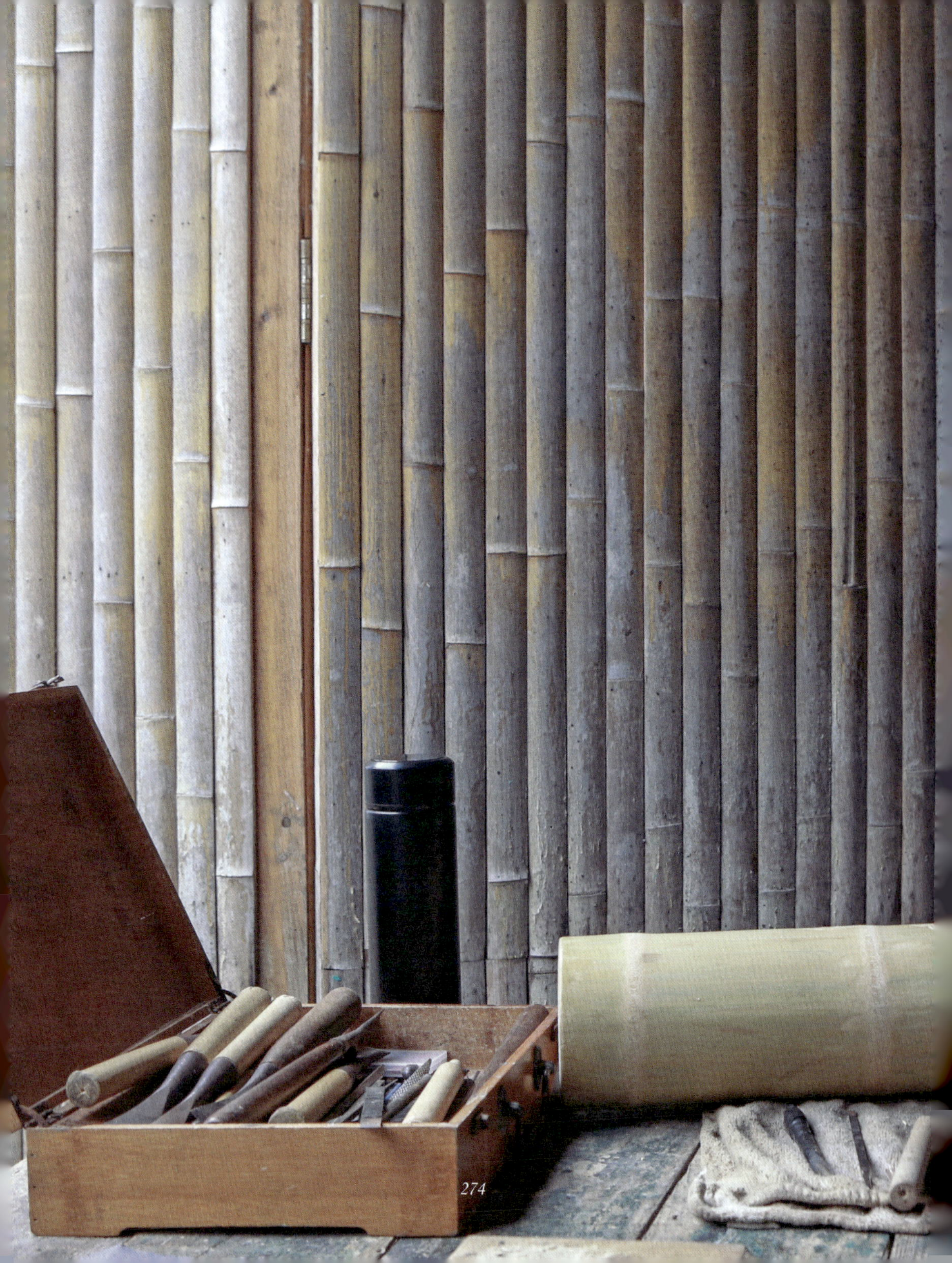

▲安吉竹刻

过选材、构思、去皮、打磨、造型、雕琢、抛光、上色等步骤，工序烦琐，耗时漫长，看似平凡，却蕴藏着根艺作品的自然美。

因为每个竹根形状不同，不可能重样，这恰是竹根雕的珍贵之处。

枯萎的老竹根，在一般人眼里除了当柴烧外，可能没有别的用处，但在根雕爱好者眼里，却是不可多得的宝贝。在大余村，随处可见各式各样的竹根作品，大到人物雕像，小到饰品摆件，琳琅满目。收藏者可选取合乎审美和眼缘的竹根雕，放在家中，或赠予他人，均颇有君子之古风。

古代文人也常以根雕互赠，《南齐书》中有齐高祖赠竹如意给明僧绍的故事，那个竹如意，就是一件竹根雕的精品。

普通的折扇，常用竹做扇骨，韧纸做扇面。讲究的，扇面上还要题诗作画。折扇收则折叠，用则撒开，出入怀袖，携带方便，是文人雅士的爱物。

折扇古称"倭扇"，据说是日本发明的，明代传入中国后，被发扬光大。明永乐皇帝命内务府大量制作，在扇面上题诗赋词，分赠大臣。上行下效，文人雅士也互赠诗画折扇，表喻友情。手持折扇，成为当时文人的标准配置。

安吉是竹乡，制扇便成为本地的一个传统产业。匠师们主要选取棕竹、湘妃竹为扇骨，品种有男扇、日本女扇、韩国扇、舞蹈扇、大挂扇、檀香扇等140余个。规格小到5厘米，大至3米，应有尽有。

大余村的竹折扇大多为手工制成，工艺复杂。扇骨制作需造型、磨光；扇面制作有裁剪、矾面、裱糊、阴干、褶叠、印画等流程。扇骨和扇面制好后，再将两者进行组合，经过近百道工序

▲竹折扇

才告完成。

折扇在引风纳凉方面，远不如电扇有力，但那份对生活的美化装点，以及文雅的腔调，还是很讨人喜欢的。作为旅游纪念品，折扇的最大优点是便于携带。一趟安吉之旅，多带几把折扇，价廉物美，添不了多少重量。

喜茶之人多半爱竹。"竹间烟幕煮茶香"，古时文人偏爱竹下饮茶，倾心于竹造幽香、茶添清香的意境。茶艺与竹茶器息息相关。陆羽在《茶经·茶之器》中开列28种茶具，其中有数种为竹木制作的。

茶道中有"六君子"，为茶则、茶针、茶漏、茶夹、茶匙、茶筒，另有养壶笔、分茶勺、茶点盘、茶盘、煮茶台、茶叶罐等，均可用竹子制作而成。安吉作为竹乡，也是茶乡，所生产的竹茶具，自然是极好的。

▲竹制茶则

泡茶时，摆一席竹茶案，上有竹茶宠。用竹筒取水，竹匙取茶，竹茶筅点茶。燃竹生火，竹炉汤沸，用白瓷外镶细竹丝杯品茶……如此意境，是否大雅？

醉心茶事的人，可在余村觅得一整套称心的竹茶器。

除了这些，还有诸如竹花瓶、竹文房四宝、竹博古架等，不一一细说。带着文人气息的竹品，可为每日的时光添一份雅致。

竹非竹

科技的发展，把竹材的本来肌理隐藏起来，开发了更多的产品。

安吉的竹业，已实现"变竹为木""变竹为布"。从竹地板到竹制板材制作的家具，也可"以竹乱木"，同时还利用毛竹纤维，生产出竹纤维毛巾、竹纤维

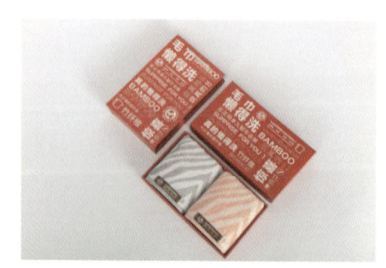

▲ 竹纤维毛巾

▲ "个个健"竹饮

床单、竹纤维袜子等高科技家居产品，这些产品成为市场的抢手货。

竹木地板和家具，太过笨重，一般不会成为旅游纪念品，但竹纤维制成的家居产品，新奇实用，又便于携带，值得推荐。

传统织物原料主要是棉、麻、毛、丝。随着技术的发展，从竹子中提取出来的竹纤维成为第五大天然纤维。竹纤维具有良好的耐磨性和染色性，且有抗菌、除螨、防臭等功能，是一种天然环保型绿色纤维。

竹子虽硬，但竹纤维制品的质感却异常柔软，而且不易发霉。有人做过实验，将竹纤维毛巾与普通毛巾用水打湿后，分别装在两个塑料袋中，保持30°C的环境。几天后发现，竹纤维毛巾清爽如新、无异味，而普通毛巾则已发霉、发臭，局部变黑。竹纤维这种神奇的功效，缘于竹子中含有抗菌物质"竹琨"，这也是竹子在生长过程中极少感染病虫害的原因。竹纤维织物便于清洗，因为其分子结构特殊，即便染了油污，清洗起来也很方便。

在天荒坪各村，售卖竹纤维产品的地方，生意总是格外红火。

安吉竹子还能制成饮品，也刷新了我们对传统"竹食"的认知。

在安吉的馆子里吃饭，如果纠结喝点儿什么，服务员便会推荐："喝这个，保证你没尝过。"拿上来一看，竟然是一瓶与竹有关的饮料。

易拉罐上写着"个个健竹叶黄酮植物饮料",是安吉本土的品牌产品。"个个"两字写得很近,就像一个"竹"字,粗粗一看,以为是"竹健"。

这是一款用竹叶做成的饮料,据说能防上火、去油腻,具有清心、清热、清毒的效果。喝一口,发现它和王老吉有相似的地方,都很清甜。

"这可是没有加糖的。"服务员补充说。这款饮料以高山野生淡竹叶为原料,萃取出竹叶黄酮保健因子,加上复合维生素C及天然山泉水,再经过独特工艺制作而成。它保留了竹子特有的清香、清凉,喝起来清爽怡人。

事实上,竹子做成的饮品远不止"个个健"。

在大余村的街巷小店,我们总能在货架上看到诸如竹酒、竹啤等,它们并排站在一起,昭示着竹饮品界并没有遗忘爱酒的成年人。

竹啤厂家很懂颜控者的心,纤巧的瓶身加上摩登的配色,轻松就能抓住人的眼球。竹啤与其他啤酒的制作原理大同小异,但其中含有竹叶黄酮,因此比普通啤酒多了一份竹叶的清香,也更加健康。

如果行囊中尚有空余,不妨背几瓶喜欢的安吉特色竹饮,回去分享给友人,一定能让朋友们收获全新的味蕾体验。

▲青翠竹林

2. "可盐可甜"的山野礼物

天荒坪各村都靠近大自然，有很多来自山野的礼物。

春天，山野是花，万紫千红；夏天，山野是青山和翠竹，郁郁葱葱，密密层层；秋天，山野是稻田和银杏树，把大地点缀得金黄；冬天，山野是雪，一望无际，期待着来年的丰收。

绿水青山，大自然给了这个村庄无穷的馈赠。无论是茶、板栗，还是山核桃、白果，每一样都遵循自然之意，呈现出大余村特有的味道。

乡村的礼物就是这样，离泥土最近，最新鲜。

茶叶

想送人高端而又实用的礼品，选本地产的茶叶不会出错。

安吉自古就是茶产区，茶品类丰富。且不说陆羽客居湖州，走遍安吉的山水，著成《茶经》一书流传千古，单是近年来异军突起、名满江湖的安吉白茶，便奠定了安吉在中华茶界不可小觑的地位。

安吉白茶的母茶，就是天荒坪大溪村的白茶祖。

如前文所述，安吉白茶其实是绿茶的一种。这种茶必须用清明前后白化期内采摘的茶嫩叶，才能制作成特定的安吉白茶。

据考证，安吉白茶是有宋一代的贡茶，古籍中记载："白叶茶，芽叶如纸，民间大重，以为茶瑞。"动植物的白化历来罕见，并被当作灵物瑞兆看待。佛教中有白雀与白猿听经的故事，白蛇、白龟往往成为神话故事的主角。

经科学检测，安吉白茶中富含人体所需的18种氨基酸，比普通绿茶高出2—3倍，但多酚类又少于其他绿茶，因此没有茶的苦涩味。

白茶适合低温冲泡，有助于氨基酸的溶解，且不会破坏茶叶的鲜爽度。注温水入杯，叶张玉白，茎脉翠绿，馥郁香气四溢而出。汤色鹅黄，清澈明亮。饮一口白茶，奇逸之香萦绕喉间，仿佛李慕白脚踏竹海之巅，凭风御剑。

安吉白茶

来自绿水青山的问候

▲安吉白茶

贡茶、动植物白化神话、白茶祖、中华佳茗、营养价值高……安吉白茶有这些名头，是否很值得作为旅游中的必购礼品？

安吉有不少知名的白茶品牌，如"宋茗""大山坞""极白""千道湾""芳羽""龙王山""百竹源"等，盛名之下，质量都不会差。

除了白茶，天荒坪一带还出产高山茶。"高山云雾出好茶"，在天目北坡，不少村落的海拔都在600米以上。青山之上，云雾缭绕，日照短，温差大，如此孕育的茶叶，含有更多营养成分，香气也很特别。

高山茶之所以迷人，还在于"高山"二字。从繁华都市遁入深山，也许是很多人内心的渴望，喝上一杯高山茶，自有一种"天人合一"的感觉。

大余村还有一种"物以稀为贵"的野茶，从山野自然生长的茶树上采摘而来。这种茶因为没有人为干预，不施化肥，不打农药，常受小虫侵扰，因此"颜值"可能不高，看起来大小不一，但喝起来却回味无穷。

野茶数量稀少，不易寻得。采野茶的人，如同去深山老林采药。内行人都知道，野茶素有"头茶之香者，远胜龙井"之说。

离开安吉时，几乎每一个客人都会带上一些地道的本地茶。

板栗

安吉盛产板栗，明代时即为贡品，年贡在万斤以上。

板栗与桃、杏、李、枣并称五果。杜甫云："山家蒸栗暖。"郑逸梅注云："肥也，嫩也，暖也。尽栗之长，非老饕不知。"能征服诗圣的味蕾，足见其美味。

可别小看板栗。因其含有丰富的营养及多种微量元素，素有"木本粮油"和"铁秆庄稼"之称。与木本粮相对应的草本粮，主要以小麦、玉米、水稻等为代表。草本粮含有大量淀粉，易制干，容易储存，主要解决人类的温饱问题。而木本粮则主要解决人类的营养与健康问题。

板栗又称"千果之王"，是我国的著名坚果之一。板栗可生吃，也可用于熟食，还可加工成栗子罐头、栗子羹、栗子脯、栗子粉。栗粉是高档淀粉，可以代

▲ 安吉板栗

替粮食用，可作为高级添加成分制成各种特色食品。

板栗味甘性温，入脾经胃，有养胃、健脾、补肾、强筋、活血之效。它含不饱和脂肪酸和多种维生素，有对抗高血压、冠心病、动脉硬化等疾病的功效。不过，因含糖较多，糖尿病患者不宜多食。

在飘雪的冬日街头，吃一口刚出炉的糖炒栗子，是多少人平凡生活中的幸福一刻。自带甜意的板栗，总能和人们心头的温暖爱意契合。

在爱吃懂吃的中国人手中，板栗卸下茶点零食的身份，有着很高的适配性：端午的板栗粽子、饭店的板栗烧鸡、街巷的板栗饼、甜点屋的栗子蛋糕……变的是形态，不变的是板栗那份让人心动的细腻。

白果

"蟠桃一实三千年，银杏著子三十载。"每逢深秋，银杏落叶后，余村满地都是银杏果，也称白果。

白果表面呈黄白色，平滑坚硬，一端稍尖，另一端钝，边缘有棱线，药用价值极高，具有敛肺定喘、止带缩尿的功效。

白果富含维生素C、核黄素、胡萝卜素、钙、磷、铁、钾、镁等微量元素。味道鲜美，柔韧滑腻，可与食材搭配，别具风味。

需要注意的是，白果不可生食，也不可多吃。成人一次可以吃10—20颗，儿童不超过10颗，5岁以下孩童可不能吃。掉落在地上的白果也不要捡，可能会引发过敏。想要品尝安全美味的白果，建议到店中购买成品。

去了壳的白果是玉脂的颜色，透亮，明媚，浓缩了一整个秋天的光华。送一颗入口，先是淡淡的苦涩，旋即变为细密的甜，层层叠叠的口感，奇妙得十分符合很多人生中"第一次"的体验。

山核桃

天荒坪大溪村，可以满足每个"炫山核桃狂魔"的妄想。

饱满松脆、形式多样、口味正宗。原本到大溪村是为了漂流，但结束后信步走进特产店，却无意间遇见了心中的最爱。

▲安吉山核桃

虽然价格小贵，但热情的老板娘允许客人免费试吃。随便打开一罐原味山核桃仁，熟悉的坚果香味扑鼻而来。试吃几粒，新鲜松脆，齿颊留香，与印象中的精品山核桃并无二致。

大溪村与临安接壤，此地的山核桃品质也可与知名的临安山核桃媲美。山核桃每年白露前后成熟，采摘后经数道工序加工，制成脆香的佳果。山核桃不仅口味佳，而且含有丰富的蛋白质、油脂、维生素等多种营养物质，易被人体吸收。从药学上说，还有润肺补气、养血平喘、润燥化痰等功效。

剥核桃需要耐心，去除一层又一层阻碍，方能获得你想要的，这个过程令人着迷。许多人偏爱带壳的坚果，吃已经剥好的成品，太过平庸无趣。

竹林鸡

在大余村的农家乐，问老板有什么招牌菜，第一道便推荐竹林鸡。

竹林鸡，一种在竹林里长大的鸡。鸡清晨出门，夜晚归家，每天在无污染的竹林间奔跑飞跳，饿了，就吃林子里的虫子、草籽，再补充点儿主人提供的玉米、稻谷等杂粮，渴了，就饮林间天然泉水。

经权威机构检测，竹林鸡15项抗生素检测全部为零，肌苷酸含量高于国家黄羽肉鸡一级标准，这是判定鸡肉鲜香的重要指标之一。

成熟后的竹林鸡体形紧凑，羽毛光亮，头小颈细，眼大有神，尾羽略翘。养殖135天的竹林鸡适合白切、红烧，鸡肉鲜嫩弹牙，唇齿留香；养殖180天的竹林鸡适合炖煮、煲汤，口感醇厚，回味绵长。

土灶大火，不多时鲜香已飘出厨房。没有多余的作料，只加了生姜、葱段和枸杞增鲜提色。煮熟后的鸡皮鲜黄透亮，鸡肉鲜嫩可口，鸡汤油而不腻，一口下去，所有的疲惫顿时一扫而空，有的只是松弛、圆满。

不出意外，它成为本次余村旅行餐品中的最佳。

安吉竹林鸡已通过国家农产品地理标志登记保护，是经专业机构认可的品牌鸡。借助真空包装技术，在余村游客中心和特产商店都可以买到原汁原味的竹林鸡，想尝这一口真鲜味的朋友，推荐一试。

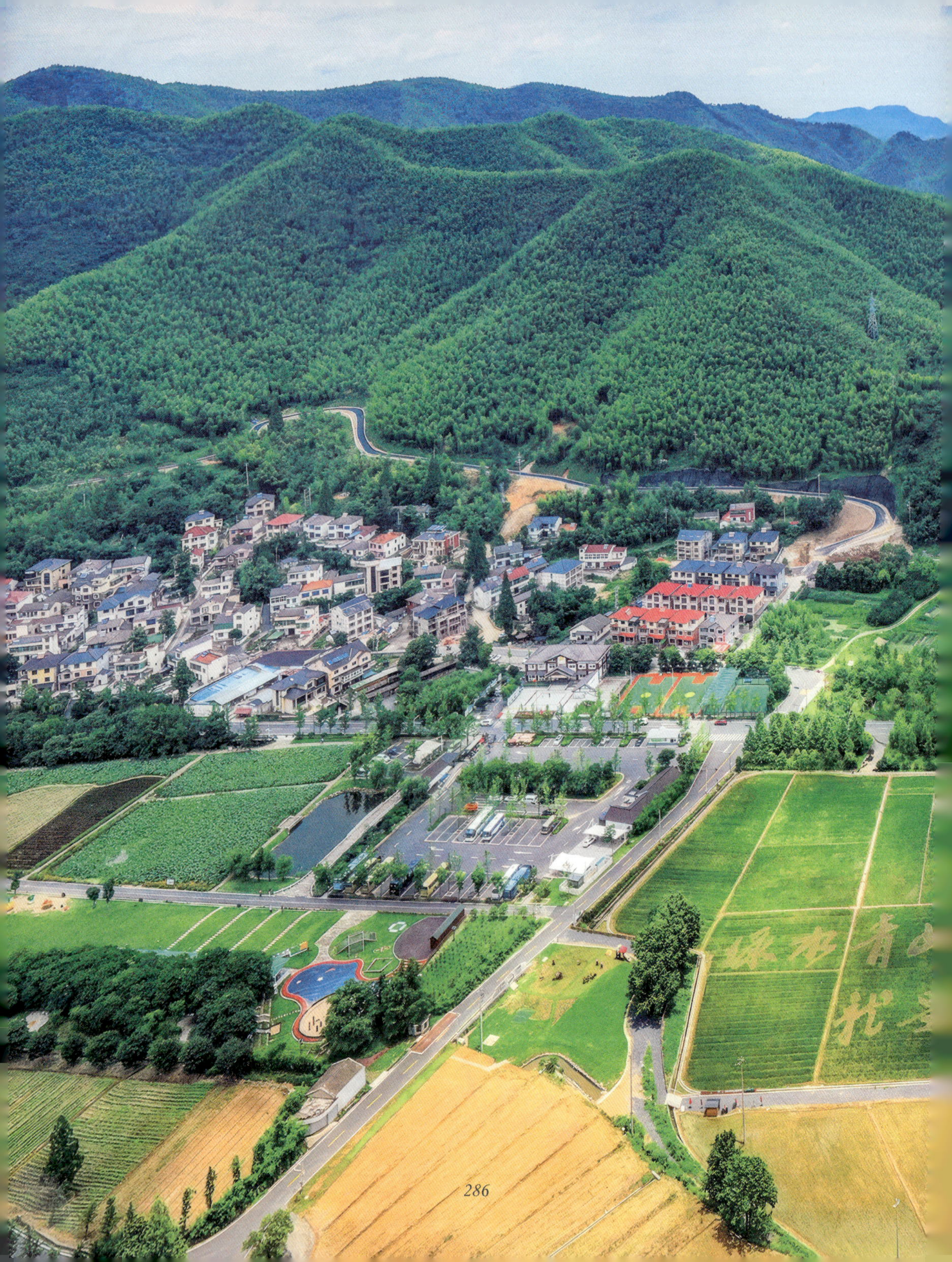

▲ 余村全景

3. 一眼就知道去过余村

旅游纪念品说来丰富，但大多大同小异，能真正打上地方文化印痕的似乎凤毛麟角，这也是旅游过程中的烦恼。

一个地方的文化，或沉积于千年的历史，或际遇于时代的风云。

安吉余村，便是在时代的风云中成为"绿水青山就是金山银山"理念的诞生地，这片土地上已经深深地打上了这一理念的烙印。无论是谁，说起余村的第一印象，都是那个令人仰望的"绿水青山就是金山银山"理念发源地。

白茶、竹礼、山货，能够代表整个安吉，但要精准到余村，似乎还有一定的差距。那么，什么才是真正属于余村的礼品？那些只有在余村才能买到，让人一眼便知你去过余村的东西，在哪里？

"绿水青山就是金山银山"微缩版纪念碑摆件

对于余村来说，"绿水青山就是金山银山"是一个抽象的理念，但那块立在村口的纪念碑，是有形的东西。此碑如法国巴黎的凯旋门，美国纽约的自由女神像，俄罗斯莫斯科红场的尖塔，独一无二。

"绿水青山就是金山银山"纪念碑是余村的地标。我们不能把真的纪念碑搬走，却可以轻松地将微缩版纪念碑摆件带回家。

纪念碑摆件以合金为材料，依照村口的石碑等比例缩小。主体颜色是黄铜色，复刻有"绿水青山就是金山银山"字样。

这是余村人公认的"只有在余村才能买到的礼品"。

余村农耕礼包

春天，余村的田园里，总能看到不少来体验生活的游人卷着裤腿，在当地农民的指点下，种下一株株饱含希望的秧苗。待到金秋，秧苗结出沉甸甸的果实，那是客人们与余村村民共同劳动的结晶。

◀ "绿水青山就是金山银山"微缩版纪念碑摆件

在余村四季田园里参与农耕活动，是旅游项目之一。田园中可种植水稻、玉米、向日葵、油菜等作物，年有出产，收获颇丰。

这片田园的作物，有余村的味道，也有五湖四海游客的汗水。收获后，余村把它们包装成"余村农耕"品牌，作为售卖的商品。

一小袋成长于余村田园的大米，或者玉米油、菜籽油，蕴含着这片土壤特有的气息。一粒一滴，都蕴含着绿水青山的问候。

▲余村大米

余村农耕礼盒采用原木色木盒，其中含余村大米、余村菜油、余村小香薯等农产品。这些最能代表你来过余村，"余味"悠长。

绿水青山酒

"绿水青山就是金山银山"理念提出后，有心人将其注册成商标，其中就有酒类。

黄酒是浙江的地方酒，除了绍兴盛产，安吉也有一家乌毡帽酒厂。凭借安吉的绿水青山，乌毡帽酒品很畅销。它在继承传统型黄酒口味的基础上，研究开发了清爽型黄酒和多种特型黄酒，算得上"中国黄酒界的一匹黑马"。

绿水青山酒即乌毡帽酒厂推出的新一代生态黄酒。包装为两瓶一组，一是亮金嵌哑金的酒瓶，标为"绿水青山·金山"，上有群山叠翠图案；二是亮银镶哑银的酒瓶，标为"绿水青山·银山"，上有瀑布流水图案。酒瓶为玻璃喷涂，金属质感十足，表达着"净山净水净美酒"的寓意。

绿水青山酒的酒精度分别为14%vol和10%vol，口感醇厚浓郁、清爽淡雅。一组从"绿水青山就是金山银山"理念诞生地带来的绿水青山酒，无论是自酌还是共饮，其中深意倍加珍贵。

第七部分　来自绿水青山的问候

▲国漫空间吧台

美在余村国漫周边

余村印象的地下一层，存放着一把开启童年的钥匙。

这里是中国第一家乡村国漫茶咖·零售·空间。

国漫空间中拥有来自上海美术电影制片厂各大作品的周边产品。印有"MEI@YUCUN"标志的徽章、T恤、茶杯、盲盒、公仔等，带着儿时的记忆与余村的空气融合，呈现出一种全新的模样。

在壮观的盲盒墙前拍个照，挑选一件喜欢的角色周边，点一杯美在余村·国漫咖啡，到室外的空旷广场上和同行的伙伴聊聊小时候。最爱的角色在身边，最好的回忆在心间，最美的风景在眼前。

其他与余村相关的小礼品

余村村标书签：以余村村标银杏叶为造型，用金属镂空打磨而成。

绿水青山抱枕：绿色的波形抱枕，曲折的形状用来表现山脉的走势。填充物饱满，靠在上面不会塌陷，稳稳地立在身后，可抱可靠，可随意"拗造型"。

余村复绿绘本：绘本的封面是国潮青绿色，打开绘本，就像跟着作者漫步余村,一边数着步子,一边感受村庄从靠山吃山到生态自觉的"复绿"之路。绘本里还记录了余村的四季风貌。

余村手绘地图:走心的手绘地图,色彩明亮,不仅画风可爱,而且背面的介绍非常详尽。地图内含有余村的各个地标,有推荐的餐馆、书店、咖啡馆、特色小店、伴手礼店等,拿着地图就能云旅游一番。地图内附赠一张明信片,跟着地图寻访一圈,还能敲盖纪念章。

余村十景明信片:包括荷塘雅趣、"两山"会址、隆庆问禅、果园飘香、激流勇进、翠竹幽径、古树秋思、龙潭碧玉、矿山遗韵、余岭怀古等10个景点。

余村石画:把绿水青山最美的风景画在造型别致的小鹅卵石上。

《如此青绿》旅游口袋书:就是本书,敬请翻阅。

▲余村石画

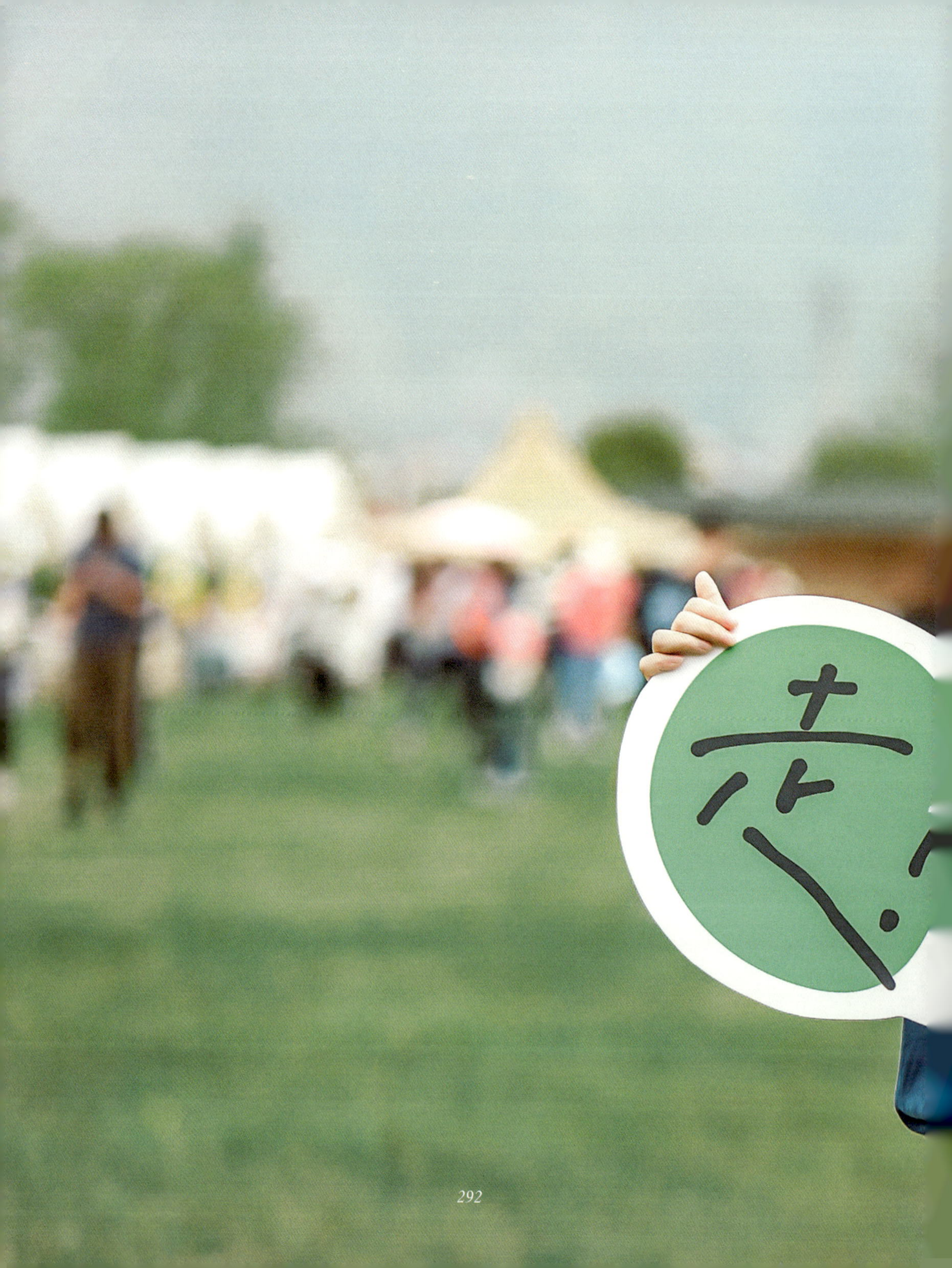

▲ 年轻人在余村

后记：最是那一抹青绿
postscript

午后的雨突如其来，笃定地打在余村房屋的鱼鳞瓦上，打在余村街边鹅卵石的步道上，飞珠溅玉，泛起阵阵清新。

避雨的游人顺势钻进小溪边的一座凉亭。亭子旁的这条溪流，蜿蜒向东而去。雨中的溪水急促了许多，但未见浑浊，依然清澈见底。看得出，溪流上游植被被保护得很好，哪怕雨再大些，这里的水也会呈现同样的状态。

岸旁有几株樱花，这个季节正开得绚烂。对岸的一户人家里探出了粉色的一株，向雨后纷乱的人们摇曳，显示自己的从容。

雨后的天空特别清朗，远处的山峦雾气朦胧，山腰处白云点缀，底色是浓浓的墨青；近处的树林在急雨的梳洗后越发郁郁葱葱。村落则慢慢恢复了原来的节奏，呈现出岁月静好的本色来。

这时，脑子中忽然闪出"如此青绿"一词。来余村采访好几天了，一直没想好这本书的书名，这不，就是它了。应该说，余村或者大余村今日的所有呈现，以及无数可圈可点的内涵，都与"青绿"的回归紧密相关。

古人曾将自然界中的颜色分为青、赤、黄、白、黑五色。在"五色观"中，青是底色，清澈而不张扬，伶俐而不圆滑，最能体现生命力。而黄色加上青色，就成了绿。绿是间色，给人以和煦宁静之感，代表希望与舒适。

在中国，青色极具文化寓意。"青，东方色也。"传说宋徽宗梦中见到雨后天空的青色，醒来便令工匠按印象中的颜色烧制瓷器，于是，后人便常以唐代陆龟蒙《秘色越器》诗中的句子"九秋风露越窑开，夺得千峰翠色来"形容宋代的秘色瓷器。

中国画中有青绿山水，宋代王希孟的《千里江山图》是其中的巨作。画中冈峦连绵，河湖浩渺，茅居村舍俨然。长桥、渔船、行人、飞鸟点缀画中，气韵生动，尽展大宋山河之美。2022虎年春晚，中央电视台以《千里江山图》为蓝本，上演了《只此青绿》群舞节目，轰动一时，观者赞其"美得膨胀"。

青绿是宋徽宗梦中的灵犀，也是王希孟笔下的山水。千年以后，帝王将相和文人雅士均已如过眼云烟，终成传说，往来者，唯见那一抹青绿永续。但这一抹青绿，今日又为我所用，成为这本余村旅游小作的封面。

个人认为，以《如此青绿》为本书之名，还算贴切。

其一，余村是"绿水青山就是金山银山"理念诞生地，"青绿"就是指这里的"绿水青山"。《如此青绿》，即"像这样的绿水青山"，直观展现余村在"绿水青山就是金山银山"理念引导下所取得的辉煌成就。

其二，《如此青绿》让人联想到《只此青绿》，联想到《千里江山图》，再联想到"江山如此多娇"，而余村，恰是美丽中国的缩影。再则，那幅展示宋韵风情的《千里江山图》，和《如此青绿》书中衍生的意象相互印证，也与浙江省当下正在实施的"宋韵文化传世工程"不谋而合。

涉及余村的文字已浩如星辰。本书便另行择道，从一名旅行者的角度入手，记录大余村的自然景色、人文历史、青春故事等内容，尽可能用轻松的笔触和图片，展示这片大地今日之风情。图文并茂的编排，让读者翻开任何一页都可阅读，不必拘束。因为阅读也是一场旅行，轻松些更好。

草成此书，一方面是"青绿"之下的情怀冲动，另一方面也是安吉县委常委、余村省级度假区党工委书记兼天荒坪镇党委书记贺苗女士、安吉大余村建设领导小组副组长彭忠心先生的信任。特别要感谢的是，大余村联系领导湖州市委书记陈浩先生、湖州市委常委兼安吉县委书记杨卫东先生、安吉县委副书记柏建华先生给予了作者充分的鼓励。创作期间，又承蒙许进京、汪玉成、俞丹、夏琛、费思佳等同志交流帮助，在此也一一表示谢意。

由于创作时间太紧，前后不到 5 个月时间，《如此青绿》一书无法记录下这片大地的全部乐章，其中重要的内容肯定有所疏漏。所有空白和遗憾，只能期待未来再版修订，敬请读者谅解并予以指正。

本书成书时，恰是初夏。这个季节，大余村的青绿之色更加浓郁。"绿水青山终不负"，眼下的余村便是如此。

2023 年 6 月 14 日
于杭州艺阁

图书在版编目（CIP）数据

如此青绿：大余村漫游记 / 陈少非编著. -- 北京：红旗出版社，2023.11
　　ISBN 978-7-5051-5358-5

Ⅰ．①如… Ⅱ．①陈… Ⅲ．①乡村—旅游指南—安吉 Ⅳ．① K928.955.5

中国国家版本馆 CIP 数据核字（2023）第 186636 号

书　　　名	如此青绿：大余村漫游记		
编　　　著	陈少非		
责 任 编 辑	刘云霞	责 任 校 对	郑梦祎
责 任 印 务	金　硕	封 面 设 计	罗钏艺
出 版 发 行	红旗出版社		
地　　　址	北京市沙滩北街2号	邮 政 编 码	100727
	杭州市体育场路178号	邮 政 编 码	310039
编 辑 部	0571-853110198		
E — mail	498416431@qq.com	发 行 部	（北京）010-57270296
法 律 顾 问	北京盈科（杭州）律师事务所	钱　航　董　晓	
图 文 排 版	杭州艺阁文化传播有限公司		
印　　　刷	浙江海虹彩色印务有限公司		
开　　　本	787 毫米 X 1092 毫米	1/16	
字　　　数	314 千字	印　　　张	19.5
版　　　次	2023 年 11 月第 1 版	印　　　次	2023 年 11 月第 1 次印刷
ISBN	978-7-5051-5358-5	定　　　价	68.00 元